ARTETERAPIA E LUTO
ARTE E CULTURA NA ELABORAÇÃO DA PERDA

Editora Appris Ltda.
1.ª Edição - Copyright© 2024 das autoras
Direitos de Edição Reservados à Editora Appris Ltda.

Nenhuma parte desta obra poderá ser utilizada indevidamente, sem estar de acordo com a Lei nº 9.610/98. Se incorreções forem encontradas, serão de exclusiva responsabilidade de seus organizadores. Foi realizado o Depósito Legal na Fundação Biblioteca Nacional, de acordo com as Leis nos 10.994, de 14/12/2004, e 12.192, de 14/01/2010.

Catalogação na Fonte
Elaborado por: Dayanne Leal Souza
Bibliotecária CRB 9/2162

J955a
2024

Junqueira, Fabíola Mancilha
    Arteterapia e luto: arte e cultura na elaboração da perda / Fabíola Mancilha Junqueira e Maria Helena Pereira Franco. – 1. ed. – Curitiba: Appris, 2024.
    135 p. : il. color. ; 23 cm. – (Coleção Multidisciplinaridade em Saúde e Humanidades).

    Inclui referências.
    Inclui apêndice.
    ISBN 978-65-250-6553-3

    1. Arteterapia. 2. Técnicas expressivas. 3. Luto. I. Junqueira, Fabíola Mancilha. II. Franco, Maria Helena Pereira. III. Título. IV. Série.

CDD – 615.8

Livro de acordo com a normalização técnica da ABNT

Appris editora

Editora e Livraria Appris Ltda.
Av. Manoel Ribas, 2265 – Mercês
Curitiba/PR – CEP: 80810-002
Tel. (41) 3156 - 4731
www.editoraappris.com.br

Printed in Brazil
Impresso no Brasil

Fabíola Mancilha Junqueira
Maria Helena Pereira Franco

ARTETERAPIA E LUTO
ARTE E CULTURA NA ELABORAÇÃO DA PERDA

Appris
editora

Curitiba, PR
2024

FICHA TÉCNICA

EDITORIAL	Augusto Coelho
	Sara C. de Andrade Coelho

COMITÊ EDITORIAL

- Ana El Achkar (Universo/RJ)
- Andréa Barbosa Gouveia (UFPR)
- Antonio Evangelista de Souza Netto (PUC-SP)
- Belinda Cunha (UFPB)
- Délton Winter de Carvalho (FMP)
- Edson da Silva (UFVJM)
- Eliete Correia dos Santos (UEPB)
- Erineu Foerste (Ufes)
- Fabiano Santos (UERJ-IESP)
- Francinete Fernandes de Sousa (UEPB)
- Francisco Carlos Duarte (PUCPR)
- Francisco de Assis (Fiam-Faam-SP-Brasil)
- Gláucia Figueiredo (UNIPAMPA/ UDELAR)
- Jacques de Lima Ferreira (UNOESC)
- Jean Carlos Gonçalves (UFPR)
- José Wálter Nunes (UnB)
- Junia de Vilhena (PUC-RIO)
- Lucas Mesquita (UNILA)
- Márcia Gonçalves (Unitau)
- Maria Aparecida Barbosa (USP)
- Maria Margarida de Andrade (Umack)
- Marilda A. Behrens (PUCPR)
- Marília Andrade Torales Campos (UFPR)
- Marli Caetano
- Patrícia L. Torres (PUCPR)
- Paula Costa Mosca Macedo (UNIFESP)
- Ramon Blanco (UNILA)
- Roberta Ecleide Kelly (NEPE)
- Roque Ismael da Costa Güllich (UFFS)
- Sergio Gomes (UFRJ)
- Tiago Gagliano Pinto Alberto (PUCPR)
- Toni Reis (UP)
- Valdomiro de Oliveira (UFPR)

SUPERVISORA EDITORIAL	Renata C. Lopes
PRODUÇÃO EDITORIAL	Bruna Holmen
REVISÃO	Andrea Bassoto Gatto
	Samuel do Prado Donato
DIAGRAMAÇÃO	Andrezza Libel
CAPA	Mateus de Andrade Porfírio
REVISÃO DE PROVA	Jibril Keddeh

COMITÊ CIENTÍFICO DA COLEÇÃO MULTIDISCIPLINARIDADES EM SAÚDE E HUMANIDADES

DIREÇÃO CIENTÍFICA Dr.ª Márcia Gonçalves (Unitau)

CONSULTORES
- Lilian Dias Bernardo (IFRJ)
- Taiuani Marquine Raymundo (UFPR)
- Tatiana Barcelos Pontes (UNB)
- Janaína Doria Líbano Soares (IFRJ)
- Rubens Reimao (USP)
- Edson Marques (Unioeste)
- Maria Cristina Marcucci Ribeiro (Unian-SP)
- Maria Helena Zamora (PUC-Rio)
- Aidecivaldo Fernandes de Jesus (FEPI)
- Zaida Aurora Geraldes (Famerp)

A todos os enlutados e seus entes queridos, aos colegas profissionais e professores engajados nos estudos sobre o uso das artes e da criatividade no cuidado à saúde e às relações.

AGRADECIMENTOS

Aos quatro "Os" que me colorem a vida e me apoiam e me estimulam constantemente a recriar quem sou: Omar, Odila, Omar Jr. e Olívia. Todo o meu amor para vocês.

À querida orientadora e parceira Prof.ª Dr.ª Maria Helena Pereira Franco, pela generosidade, pelas reflexões e pelos ensinamentos que vão além da teoria e subsidiam a compreensão e a formação de vínculos para além da vida, da morte e do luto.

Às Prof.ªs Dr.ªs Rosane Mantilla de Souza, Marlise Aparecida Bassani e Maria de Betânia Paes Norgren, por tantos ensinamentos e pelas generosas contribuições nas aulas e na banca de qualificação.

Às "leluzetes" e colegas de curso, por todo carinho e apoio, pelas conversas, parcerias nos estudos, discussões e apresentações de seminários.

Aos funcionários e aos prestadores de serviço da Pontifícia Universidade Católica de São Paulo. Em especial, à Mônica Pereira, secretária do Programa de Estudos Pós-Graduados no núcleo de Família e Comunidade.

A todos que colaboraram direta e indiretamente com esta pesquisa.

Aos artistas, aos pesquisadores, aos poetas e aos sabiás.

A ciência pode classificar e nomear os órgãos de um sabiá, mas não pode medir seus encantos. A ciência não pode calcular quantos cavalos de força existem nos encantos de um sabiá. Quem acumula muita informação perde o condão de adivinhar: divinare. Os sabiás divinam.

(Manoel de Barros, 1996, p. 53)

SUMÁRIO

INTRODUÇÃO 13

1
DIÁLOGO ENTRE ARTETERAPIA E LUTO 17

2
ARTETERAPIA – BREVE HISTÓRICO E DESENVOLVIMENTO NO BRASIL.. 25
   2.1 DEFINIÇÕES E REGULAMENTAÇÃO..25
   2.2 ARTE E SAÚDE MENTAL – BREVE HISTÓRICO...........................32
   2.3 ARTE E SAÚDE MENTAL NO BRASIL 37
   2.4 PRODUÇÕES CIENTÍFICAS..41

3
ARTE E SAÚDE NO SÉCULO XXI... 43

4
LIÇÕES DA ARTETERAPIA PARA O CUIDADO NA PANDEMIA, HOSPITAIS E MUSEUS 53

5
O LUTO.. 61
   5.1 A ARTETERAPIA NO CUIDADO A ENLUTADOS 66
   5.2 ÉTICA NO CUIDADO AO ENLUTADO 71

6
PERCURSOS DA PESQUISA 79

7
RESULTADOS... 83
   7.1 GRUPO I – ARTETERAPEUTAS COMO PARTICIPANTES...................84
   7.2 GRUPO II – INTERVENÇÕES COM ENLUTADOS..........................92

8 ANÁLISE E DISCUSSÃO 101
8.1 GRUPO I – ARTETERAPEUTA COMO PARTICIPANTE 101
8.2 GRUPO II – INTERVENÇÕES COM ENLUTADOS 106
8.3 GRUPO III – REVISÕES 110
8.4 GRUPO IV – RESENHAS DE LIVROS QUE APRESENTAM INTERVENÇÕES COM ENLUTADOS 111

9 CONSIDERAÇÕES FINAIS 115

REFERÊNCIAS 117

APÊNDICE
ASSOCIAÇÕES DE ARTETERAPIA 129

APÊNDICE
ASSOCIAÇÕES DE ARTETERAPIA – CONT. 131

APÊNDICE
ASSOCIAÇÕES DE ARTETERAPIA – CONT. 133

APÊNDICE
ASSOCIAÇÕES DE ARTETERAPIA – CONT. 135

INTRODUÇÃO

Minha experiência profissional, realizando atendimentos baseados em arteterapia, e a vivência pessoal da perda de alguém muito querido na infância, levaram-me a perceber que, no processo de luto, a intensidade das emoções vividas nem sempre pode ser traduzida em palavras. Também tenho observado que diante da realidade da morte de uma pessoa significativa, as relações na família e na comunidade se modificam. Nem tudo o que é vivido, seja interior ou exteriormente, consegue ser comunicado. Nem tudo o que é experimentado individualmente pode ser acolhido, compreendido e partilhado por aqueles que enfrentam a nova realidade. Os movimentos de cada membro da família podem oscilar entre ações voltadas para a perda e aquelas dirigidas à reparação, como descrito na Teoria do Processo Dual desenvolvida por Stroebe e Schut, em 1999 (Franco, 2021), tema que será tratado no capítulo sobre luto.

Reconheço, assim, que a experiência pessoal de perda associada ao caminho profissional que escolhi são as motivações em que se baseia o interesse em realizar este estudo sobre a relação entre arteterapia e o processo de elaboração do luto. Além disso, o ambiente acadêmico oferece a oportunidade de fomentar a discussão, desenvolver projetos, realizar ações, experimentar novas perspectivas de compreensão e pensar sobre as medidas de cuidado ampliado ao enlutado, permitindo o contato com múltiplas áreas do conhecimento, como é o caso da relação entre arte e promoção da saúde.

Algumas perguntas me impulsionaram nesta investigação: quais são as vivências de transformação pessoal, e de enfrentamento de uma nova realidade, deflagradas pela morte de um ente querido? Como a arteterapia pode influenciar o processo de luto? Como é experimentado esse caminho de reconstrução individual quando acompanhado por intervenções baseadas na arteterapia?

O processo de luto, assim como o processo criativo, tende a ser um campo difícil de atravessar, pois nos coloca diante do novo, do desconhecido. Pode constituir um momento que nos convida a examinar o conjunto de sentidos que atribuímos à vida e a analisar que percepção temos de nós mesmos e dos nossos relacionamentos com os outros e com aquilo que acreditamos ser. Permitiria, ainda, que observemos como nos sentimos diante da possibilidade de criar e explorar, quais significados servem de base para a construção de laços e relações e o que motiva nossas escolhas e ações no mundo. Muitas vezes não nos damos conta da importância e da força estruturante dessa rede de significados.

Tomei consciência de que aprendi a lidar com as dores da perda por meio da relação com o teatro, a pintura, o desenho, a música, a fotografia, a escrita e a literatura, dentre tantas outras formas de expressão. A arte também me possibilitou assumir, cada vez mais, a posição de autora e protagonista da minha própria vida.

Ao longo dos anos, minha relação com as artes foi se transformando. O que era apenas uma ferramenta pessoal se tornou estudo acadêmico e atuação profissional. O entendimento de que as artes podem servir ao autoconhecimento e à promoção de saúde se fortaleceu. Compreendi o efeito terapêutico da criação, da relação com o(a) arteterapeuta e, também, da arte como recurso que pode ser empregado em diversas circunstâncias. Hoje em dia, atuo como psicóloga clínica, utilizando a arte como forma de expressão, transformação, compreensão e reflexão sobre experiências subjetivas. Depois de iniciar meu próprio caminho de reflexão, passei a acompanhar e a incentivar outras pessoas interessadas ou em sofrimento a utilizarem recursos expressivos como meio de atribuir novos significados às experiências vividas, recontar a própria história e ampliar a consciência de si.

A presente pesquisa faz parte de um projeto de amplo interesse na compreensão do papel das artes no cuidado a enlutados e, portanto, está focada em identificar e integrar algumas publicações acadêmicas recentes que abordam o uso da arteterapia no acolhimento a pessoas que perderam um ente querido. Considera-se que tanto a área da arteterapia quanto a de estudos sobre o luto são incipientes e que a compreensão do diálogo entre ambas pode revelar aspectos sobre formas de cuidado, compreensão da nova realidade e ressignificação das relações de maneira a colaborar com o cuidado ao enlutado.

Para melhor compreender como a arteterapia dialoga com os processos de luto, esta pesquisa adotou um enfoque teórico baseado no método de revisão integrativa, pois tal abordagem caracteriza-se por ser voltada ao cuidado clínico e ao ensino fundamentado no conhecimento, baseando-se na qualidade da evidência (Souza; Silva; Carvalho, 2010).

A presente obra está organizada de modo a apresentar, no capítulo 1, a relação entre arteterapia e luto, e no capítulo 2 as linhas gerais e o histórico da arteterapia no mundo e no Brasil. O capítulo 3 explora os resultados de estudos sobre a arte no contexto do cuidado à saúde no século XXI. O capítulo 4 aborda um momento mais atual, contextualizando os papéis da arte e da arteterapia na pandemia e em ambientes hospitalares, museus e galerias, incluindo o resultado de uma breve pesquisa nas revistas brasileiras da área em busca de informações sobre como o arteterapeuta brasileiro tem lidado com pessoas enlutadas. O capítulo 5 busca esclarecer aspectos relacionados ao luto e trata da arteterapia no cuidado a enlutados, com ênfase nos aspectos éticos. Os capítulos 6 e 7 esclarecem sobre os objetivos e método do estudo. A seguir, vêm a análise e a discussão dos resultados da pesquisa, com base no levantamento de publicações dos últimos cinco anos que abordam o uso da arteterapia no cuidado a enlutados – capítulos 8 e 9. As considerações finais acerca do tema – capítulo 10 – abarcam sugestões de novos caminhos e possibilidades para o desenvolvimento de ações e trabalhos que envolvam a arteterapia associada ao cuidado com o enlutado.

Fabíola Junqueira

DIÁLOGO ENTRE ARTETERAPIA E LUTO

Uma sociedade imersa em dúvidas, silêncio, mitos e tabus a respeito da morte e do luto pode dificultar a expressão e o reconhecimento dos difíceis sentimentos vividos por aqueles que perdem um ente querido. É comum encontrar enlutados que relatam a falta de espaço acolhedor em seu círculo social mais íntimo para a expressão da dor da perda. Muitas vezes, as pessoas que compõem esse meio mais próximo também estão vivendo o luto, lidando à sua maneira com os próprios processos de elaboração da perda, o que pode restringir a capacidade de comunicação e o acolhimento do sofrimento do outro.

Há diversas formas de vivenciar esse momento, a depender dos recursos internos de cada um, das particularidades da relação rompida, das circunstâncias da morte e da rede de apoio disponível, dentre outros fatores que serão abordados no decorrer deste estudo e, mais especificamente, no capítulo sobre luto. O psiquiatra e pesquisador inglês Colin Murray Parkes (2009, p. 239), em sua obra *Amor e perda: as raízes do luto e suas complicações*, aponta que:

> Embora cada vínculo seja único e insubstituível, a capacidade de uma pessoa de se "recuperar" do luto não advém da sua habilidade de esquecer a pessoa perdida, mas de construir e remodelar seu mundo presumido de modo que inclua e redesenhe o tesouro do passado.

O uso da arteterapia no acolhimento a enlutados tende a facilitar a abertura de um espaço de expressão, viabilizando a comunicação dos dolorosos sentimentos experimentados em razão da perda. O processo de criação artística acompanhado por um arteterapeuta pode contribuir para a construção e a remodelagem do mundo presumido citadas por Parkes, conceitos esses que serão aprofundados no capítulo sobre luto. Por meio da arteterapia é possível abordar diversos aspectos que circundam a nova realidade, desde o mundo interno das relações consigo até o mundo externo, que abrange o relacionamento com os outros; desde a qualidade das experiências subjetivas até os detalhes da vida prática, como os afazeres do dia a dia. Entendemos, assim, que a arteterapia se refere a:

> A utilização de recursos artísticos em contextos terapêuticos. Esta é uma definição ampla, pois pressupõe que o processo do fazer artístico tem o potencial de cura quando o cliente é acompanhado pelo arteterapeuta experiente, que com ele constrói uma relação que facilita a ampliação da consciência e do autoconhecimento, possibilitando mudanças. (Ciornai, 2004, p. 7).

O encontro arteterapeuta/enlutado convida o afetado pela perda a materializar pensamentos e emoções, bem como a refletir sobre o momento presente, sem deixar de incluir memórias do passado e projeções do futuro. A arteterapia pode ajudar a viabilizar a atribuição de novos significados à relação com aquele que se foi e com a nova realidade. Faz parte do processo de luto lidar com a concretude da perda, experimentar reações decorrentes da separação, encontrar um lugar adequado para as memórias relacionadas ao ente querido, reinvestir na reconstrução da própria vida. Worden (2018) identificou algumas tarefas que, ao serem cumpridas, possibilitam ao enlutado alcançar o equilíbrio diante do novo momento de vida.

O exercício da criação, por meio do emprego de técnicas diversas, permite que aquilo que está sendo vivido seja expresso e materializado de diferentes maneiras, incluindo expressões não verbais, e, desse modo, abre espaço para a comunicação de conteúdos muitas vezes difíceis de nomear, classificar e compreender. Portanto a arteterapia no cuidado ao enlutado pode compor um cenário livre e protegido para a experimentação e a criação de novas possibilidades, além da exploração de memórias e significados.

Os efeitos da arteterapia citados por Norgren (2009) revelam-se essenciais também para o trabalho de elaboração do luto. Essa estudiosa utilizou esse método terapêutico como recurso de intervenção em sua pesquisa de doutorado. A finalidade do estudo foi desenvolver e avaliar a efetividade de um programa de promoção de competências sociais e emocionais a partir de intervenções arteterapêuticas, com crianças com 11 anos de idade, com o intuito de facilitar a transição da 4ª para a 5ª série do ensino fundamental. A autora assim justifica a escolha do método terapêutico:

> [...] privilegiei a arteterapia, pois, por prescindir das palavras, não requer habilidades de comunicação verbal ou escrita, pode facilitar o relacionamento interpessoal, a comunicação intersubjetiva e o desenvolvimento do potencial criativo. Além disso, pode auxiliar o contato com o mundo interno; a expressão de sentimentos e emoções; a autodescoberta; o autoconhecimento e a melhora da autoestima à medida que o indivíduo se descobre e pode se orgulhar do que faz. Ao

> entrar em contato com aspectos novos, permite outorgar novos significados ao que se vivencia, promover a melhora da qualidade de vida e um viver mais integrado. Facilita a ampliação da consciência de si, dos outros e do mundo. (Norgren, 2009, p. 8-9).

Momentos de crise, como a morte de um ente querido, a mudança para outro país, um diagnóstico difícil e tantos outros, levam o indivíduo a questionar se detém recursos suficientes para lidar com a nova situação. Além disso, muitas vezes, implicam a revisão da rede de significados que constituem o reconhecimento de si mesmo e de conceitos e valores que antes pareciam ser definitivos, fixos, permanentes e bem resolvidos. Durante o ciclo vital, o ser humano se vê, diversas vezes, diante desses tipos de perda e, consequentemente, de processos de luto.

Há perdas esperadas e previstas, as assim chamadas crises paranormativas, como a perda do corpo infantil, que se transforma em um corpo adulto durante a adolescência em decorrência das alterações hormonais características dessa fase. Aliás, esse é um dos momentos de crise mais conhecidos e esperados no desenvolvimento humano, com implicações para a vida subjetiva, na medida em que convida a rever as relações com os outros e consigo mesmo. No caso das mulheres, outra importante mudança ocorre após o nascimento do primeiro filho, no puerpério, quando há uma intensa alteração das rotinas diárias e é preciso lidar não apenas com a modificação do próprio corpo e as novas emoções, mas também com responsabilidades diferentes das vividas na gestação ou no período anterior à gravidez. Em geral, essas transformações são vividas de forma mais dramática por uns e de forma mais branda por outros.

Em sua tese, Norgren (2009, p. 8) aborda a questão do luto esperado na fase de transição típica da faixa etária dos participantes de sua pesquisa, assinalando que:

> Embora no programa haja espaço para elaborar o luto pelas perdas e rompimentos que ocorrem nessa fase, o enfoque do trabalho recai em como aproveitar essa oportunidade para desenvolver ou utilizar recursos para enfrentar positivamente as mudanças que se apresentam, aprendendo a conviver com o novo e a se adaptar. (Norgren, 2009, p. 8).

No decorrer da biografia individual também acontecem perdas não previstas, como a morte repentina de alguém significativo. Todavia, em todas as situações de perda há oportunidade de crescimento e amadurecimento.

A morte de um ente querido se apresenta, assim, como uma crise inesperada que coloca a pessoa diante da possibilidade de um desenvolvimento emocional significativo.

A compreensão desses momentos de crise pode servir como um contorno que acolhe, em parte, a angústia do processo de transformação. O desenvolvimento da resiliência necessária requer a reflexão e a elaboração das experiências vividas em sua singularidade, livres da imposição de conceitos predefinidos, tais como os estereótipos que associam os modos de expressão do sofrimento ao gênero do enlutado. Por resiliência entende-se:

> A capacidade de esticar (como um elástico) ou flexionar (como uma ponte suspensa) em resposta às pressões e tensões da vida. Isso inclui o estresse comum de aborrecimentos diários, bem como as transições familiares esperadas de entradas e saídas (nascimento e morte) ao longo da vida. Também inclui o estresse e o trauma de crises e catástrofes inesperadas. Quando ocorre uma crise (em oposição a apenas pressão, estresse ou tensão), a resiliência é definida como a capacidade de voltar a um nível de funcionamento igual ou maior do que antes da crise. (Boss, 2006, p. 48, tradução nossa).

É essa qualidade que permite a construção de um repertório emocional capaz de propiciar o suporte necessário para enfrentar determinadas circunstâncias e oferecer apoio a outros. Boris Cyrulnik, psiquiatra francês reconhecido pelos seus estudos a respeito da resiliência, aponta, em sua obra *Falar de amor à beira do abismo*, quais as condições necessárias para o desenvolvimento da resiliência:

> O modo como o meio familiar e cultural fala da ferida pode atenuar o sofrimento ou agravá-lo, conforme o relato com que cerca o homem machucado. [...] um trabalho de atribuição de sentido é indispensável para estender a mão a um agonizante psíquico e ajudá-lo a recuperar um lugar no mundo dos humanos. (Cyrulnik, 2006, p. 10-11).

Em entrevista publicada pela revista on-line do Instituto Humanitas Unisinos (IHU), em abril de 2020, Cyrulnik reflete sobre o confinamento em decorrência da Covid-19. Quando questionado pelo entrevistador Leonardo Martinelli se essa vivência o fez voltar às experiências ruins da infância, Cyrulnik respondeu: "Não, não sofro de estresse pós-traumático porque fiz um processo de resiliência sobre aquele episódio". E acrescentou: "As maiores obras artísticas foram feitas em meio ao sofrimento. É no escuro que se espera a luz. Escrever, por exemplo, ajuda a criar um sol na própria alma" (Martinelli, 2020, n.p.).

Quase um ano mais tarde, em fevereiro de 2021, outra entrevista com o psiquiatra francês é publicada na revista do IHU. Dessa vez, o entrevistador foi Carlos Manuel Sánchez, e Cyrulnik refletiu sobre o esgotamento no longo tempo de confinamento durante a pandemia pela Covid-19: "A resiliência nunca é individual, é uma habilidade social. Não pode haver resiliência na solidão. [...] O confinamento nos protege contra o vírus, mas é uma agressão psicológica. É, inclusive, uma agressão neurológica pelo isolamento sensorial" (Sanchez, 2021, n.p.).

Especificamente no contexto de estudos sobre luto, Worden (2018) relata sua experiência de compreensão de resiliência ao estudar, ao longo de dois anos, crianças enlutadas pela morte dos pais. Também apresenta suas reflexões, comparando as observações feitas com resultados de outro grupo de estudos com o mesmo foco, conduzido por Irwin Sandler, com material publicado em 2008. As análises demonstraram que a resiliência, ou adaptação à recuperação (no inglês, *adaptation to recovery*), como prefere Worden, pode ser observada em indivíduos que se sentem acolhidos por suas famílias, as quais, por sua vez, sentem-se acolhidas por uma comunidade que partilha uma cultura de acolhimento. Ou seja, o fator de resiliência é amplamente sensível ao contexto, ao núcleo familiar e ao coletivo social em que o enlutado está inserido (Worden, 2018).

A pessoa que se coloca em relação com o processo de criação artística se coloca também em relação com o imprevisível. O ato de criar, o diálogo com o material e a observação do todo no momento presente, que inclui verificar a impermanência de sentimentos, sensações, emoções e diálogos internos ao mesmo tempo em que se observa a transformação e a movimentação concreta do objeto de criação que surge, permitem que aquele que cria entre em contato com o caráter acolhedor e receptivo da atividade e com o aspecto desafiador e frustrante da criação. Ambas as experiências oferecem diversas possibilidades de expressão, reflexão, elaboração e compreensão de si mesmo.

De acordo com as características do material utilizado, o enlutado pode se expressar de variadas maneiras: por meio de ações mais agressivas ou mais suaves, com criações mais amplas ou mais detalhadas, utilizando cores mais vibrantes ou mais discretas, dentre tantas possibilidades. Uma vez que tem a oportunidade de livremente se expressar em um ambiente seguro e controlado, pode observar a si mesmo e trazer à consciência suas próprias escolhas e preferências, de modo a alcançar uma maior compreensão de si mesmo e das polaridades existentes no processo de luto.

Aquilo que é experimentado na arteterapia pode servir de metáfora para o processo interno vivido naquele momento. Como indica Winner, "um envolvimento mais intensivo e de longo prazo nas artes pode ajudar a aliviar o estresse, não por meio da distração, mas por meio do processo de desabafar e superar as dificuldades (como o que acontece na arteterapia)" (Winner, 2019, p. 244, tradução nossa).

Em relação à busca por ajuda em casos de sofrimento, as mulheres tendem mais a procurar apoio. Em geral, têm mais desenvoltura para admitir problemas que geram ansiedade e costumam obter mais benefícios com terapias que ajudam a repensar e a organizar a vida. Os homens, por sua vez, têm a tendência de inibir os próprios sentimentos e, com isso, parecem se beneficiar muito mais de terapias que privilegiam a expressão de afetos e emoções (Parkes, 2009). A flexibilidade da arteterapia permite adaptar atividades de acordo com essas necessidades específicas.

Podemos dizer que o luto é vivido de forma singular, sendo marcado pelas particularidades do indivíduo e da relação rompida. Mesmo no círculo de convivência mais próximo, entre amigos, membros da família e companheiros íntimos, por exemplo, o enlutado pode enfrentar dificuldades em decorrência do papel que ocupa naquele sistema.

A forma como a pessoa enlutada sempre foi vista e compreendida pelos outros pode servir de base para um julgamento errôneo de como seu luto "deve" ser expresso. Sendo assim, expressões que não atendam a tais expectativas podem vir a ser julgadas negativamente e tratadas sem o acolhimento e a compreensão necessários. O trabalho do arteterapeuta consiste, então, em garantir um ambiente seguro para a livre expressão dos afetos e emoções muitas vezes caladas e incompreendidas por uma sociedade distanciada dos processos de morte e luto.

> O que diferencia o processo de arteterapia do simples uso de recursos artísticos é que este se inicia com o pensamento clínico que subjaz à escolha da técnica e dos materiais a serem utilizados; valoriza tanto o processo de execução como o que a atividade em si pode propiciar, assim como o conteúdo do que foi realizado. (Norgren, 2009, p. 60).

A criação artística promove a expressão de conteúdos difíceis de serem abarcados, em um primeiro momento, por uma compreensão racional e objetiva. Mesmo utilizando formas verbais como as narrativas escritas, é possível lançar mão da liberdade de criação e movimentação interna e externa de personagens, cenários e situações que recebem e acolhem as fantasias presentes no processo de luto, dando lugar e visibilidade ao que racionalmente pode parecer sem sentido.

Entretanto, é de suma importância que o arteterapeuta conheça não apenas o método, os materiais e as modalidades artísticas, com vistas a selecionar aqueles que mais atendam às necessidades particulares de cada cliente. Para que ele possa oferecer a cada pessoa enlutada o necessário acolhimento, é fundamental que conheça a si mesmo, saiba como se relaciona com a morte e quais foram as suas próprias vivências de luto.

ARTETERAPIA – BREVE HISTÓRICO E DESENVOLVIMENTO NO BRASIL

2.1 DEFINIÇÕES E REGULAMENTAÇÃO

> A arteterapia, que é o uso da arte como base de um processo terapêutico, propicia resultados em um breve espaço de tempo. Visa estimular o crescimento interior, abrir novos horizontes e ampliar a consciência do indivíduo sobre si e sobre sua existência. Utiliza a expressão simbólica, de forma espontânea, sem preocupar-se com a estética, através de modalidades expressivas como: pintura; modelagem; colagem; desenho; tecelagem; expressão corporal; sons; músicas; criação de personagens, dentre outras, mas utiliza fundamentalmente as artes visuais. (Ubaat, 2021, n.p.).

Há vários termos que indicam o trabalho com as artes no contexto terapêutico, como "arteterapia", "artes em terapia", "arte como terapia", "terapias expressivas", "artepsicoterapia" ou "terapia artística". Inicialmente, a designação arteterapia estava mais associada ao emprego de recursos das artes plásticas, ao passo que as demais denominações consideravam também o uso de outras formas de expressão artística. Atualmente, esses conceitos e práticas se sobrepõem e podem gerar dúvidas sobre nomenclatura, ação terapêutica, fundamentação teórica e linha de compreensão.

Além do mais, ao longo do tempo, as práticas arteterapêuticas foram se modificando tecnicamente e amadurecendo em perspectivas distintas. Nesse sentido, torna-se necessário avaliar com atenção as ações e as abordagens existentes e em desenvolvimento na atualidade.

Os filósofos Alain de Botton e John Armstrong tratam da "arte como terapia", considerando a arte como um instrumento com poder de ampliar as capacidades humanas para além dos limites impostos pela natureza. Nesse caso, a arte é vista como recurso para corrigir ou compensar fragilidades psicológicas comumente presentes nos seres humanos. Desempenhando um papel compensatório, a arte teria, portanto, funções específicas.

Em seus estudos, Botton e Armstrong identificaram sete dessas funções: rememoração, esperança, sofrimento, reequilíbrio, compreensão de si, crescimento e apreciação (Botton; Armstrong, 2014). No decorrer da obra *Arte como terapia*, publicada no Brasil em 2014, os autores discorrem também sobre como a arte pode influenciar nossa relação com o amor, com a natureza, a política e, até mesmo, com o dinheiro, sugerindo que a arte seria um guia para a reforma do capitalismo.

Outra compreensão da "arte como terapia" anterior à compreensão de Botton e Armstrong surge a partir do trabalho da austríaca Edith Kramer, artista plástica e psicanalista que, em Praga, ofereceu aulas a crianças filhas de refugiados e percebeu o potencial terapêutico da atividade artística (Ciornai, 2004).

Para entender o conceito de "arte em terapia", podemos relembrar Margareth Naumburg, nascida em 1890, que iniciou seus estudos no campo das artes plásticas, seguiu pela área da educação, formou-se em Psicologia e passou a utilizar a livre expressão artística de crianças e adolescentes como forma de diagnóstico e terapia. Sua primeira pesquisa abordando esse tema foi publicada em 1947, nos Estados Unidos (Ciornai, 2004).

Há diversas técnicas, procedimentos e testes psicológicos que utilizam a arte, desenho e imagens como forma de identificar questões emocionais e cognitivas, como o HTP – Teste da Casa, Árvore e Pessoa (*House, Tree and Person*, na sigla em inglês), técnica projetiva de desenho, atualmente com utilização permitida somente por psicólogos, além do Procedimento de Desenhos-Estórias, desenvolvido pelo psicanalista brasileiro Walter Trinca e publicado em 2013.

Desse modo, é possível considerar que o termo "arte em terapia" refere-se à utilização da arte como componente coadjuvante e viabilizador do processo terapêutico. Nesse caso, a arte pode estar associada a tratamentos diversos, como aqueles conduzidos por médicos, assistentes sociais, nutricionistas, psicanalistas, conselheiros e outros profissionais da saúde. De outra parte, "arte em psicoterapia" trata do emprego da arte em tratamentos psicoterápicos, cuja prática é atualmente restrita a psicólogos ou médicos psiquiatras, que podem seguir diversas abordagens e linhas teóricas distintas.

No final dos anos 1960, a psicóloga e artista plástica norte-americana, Janie Rhyne, nascida em 1913, passou a oferecer workshops em seu ateliê em São Francisco, nos Estados Unidos, conduzindo experiências de autoconhecimento pela arte. Segundo Ciornai, para Rhyne "o valor terapêutico da atividade artística está tanto no processo de criação quanto nas possíveis reflexões e elaborações posteriores sobre os trabalhos realizados" (Ciornai, 2004, p. 29). Essa percepção sintetiza a forma como é compreendida a arteterapia atualmente. De acordo com a American Art Therapy Association (AATA):

> Por meio de métodos integrativos, a arteterapia envolve a mente, o corpo e o espírito de maneiras distintas da mera articulação verbal. Oportunidades cinestésicas, sensoriais, perceptivas e simbólicas convidam a modos alternativos de comunicação receptiva e expressiva, que podem contornar as limitações da linguagem. A expressão visual e simbólica dá voz à experiência e promove a transformação individual, comunitária e social. (AATA, 2017, página única, tradução nossa).

Janie Rhyne publicou *Arte e Gestalt: padrões que convergem*, em 1973, em cujo prefácio a psicóloga Joen Fagan se refere à arteterapia "como um trabalho adjunto à psicanálise" (Fagan, 2000, p. 25). Após tal publicação, Rhyne foi convidada a fazer parte do corpo de membros da AATA, fundada pelo aquarelista e ceramista Bernard Levy, juntamente a Elinor Ulman, primeira editora do *The Bulletin of Art Therapy*, atualmente *The American Journal of Art Therapy*. As arteterapeutas Edith Kramer, pintora, escultora e pioneira no trabalho com crianças, e Hannah Y. Kwiatkowska, escultora e pioneira no trabalho com famílias, também fazem parte do quadro de membros honorários da associação (Columbian college of arts and sciences, 2021).

Em Portugal, o psiquiatra e arteterapeuta português Ruy de Carvalho, fundador da Sociedade Portuguesa de Arteterapia (SPAT) e membro da Sociedade Internacional de Psicopatologia da Expressão e Arteterapia, iniciou sua carreira no Hospital Miguel Bombarda, em Lisboa, local pioneiro no uso das artes para compreender as vivências dos internados por questões de saúde mental no final do século XIX (SPAT, 2021).

Em 2020, em um encontro organizado pelo Departamento de Arteterapia do Instituto Sedes Sapientiae, transmitido pelo YouTube, Carvalho esclareceu que, de acordo com a legislação vigente em Portugal, não é necessário ser psicólogo para ser psicoterapeuta. Naquele país, profissionais formados em outras áreas podem se tornar psicoterapeutas desde que passem por curso de pós-graduação na área. Em relação à arteterapia, ela não é reconhecida como profissão nos países da União Europeia.

Sendo assim, em Portugal, somente os psicólogos com especialização em psicoterapia pela Associação de Arteterapia são reconhecidos como psicoarteterapeutas. Nesse sentido, a artepsicoterapia diz respeito a uma área de especialização que habilita um profissional graduado a atuar como psicoterapeuta utilizando a arte como recurso. Já os países fora da União Europeia, como Suíça e Inglaterra, reconhecem a arteterapia como profissão (Modelo polimórfico, 2020). No Brasil, a arteterapia é reconhecida desde 2013 como ocupação, registrada na Classificação Brasileira de Ocupações – CBO[1] do Ministério do Trabalho, sob o código 2263-10, sendo exigida formação na área em curso reconhecido pela União Brasileira de Associações se Arteterapia (Ubaat).

Sobre práticas que envolvem cuidado terapêutico e arte temos, ainda, a "terapia artística", fundamentada nos estudos da antroposofia. Desenvolvida por Ita Wegmann e Rudolf Steiner no século XX, a antroposofia chegou ao Brasil em 1969, pelas mãos da enfermeira e fisioterapeuta Ada Jens, que introduziu esse trabalho na Clínica Tobias, em São Paulo. A "terapia artística surgiu a partir da prescrição de pintura para alguns pacientes como parte do tratamento médico" (Andrade, 2000, p. 63).

O Quadro 1 sintetiza as principais características de cada uma das práticas mencionadas, que utilizam a arte como recurso terapêutico.

Quadro 1 – Arte & terapias

Arte como terapia	Arte entendida como instrumento.
	Função compensatória, contrapondo-se a fragilidades psicológicas (rememoração, esperança, sofrimento, reequilíbrio, compreensão de si, crescimento e apreciação).
	Atividade artística como potencial terapêutico.
	Referências: Alain Botton, John Armstrong e Edith Kramer.
Arte em terapia/ psicoterapia	Arte vista como coadjuvante ou agente viabilizador de diversos processos terapêuticos.
	Arte empregada como agente facilitador de diagnóstico.
	Referência: Margareth Naumburg.

---

[1] ARTETERAPEUTA. Classificação Brasileira de Ocupações. Disponível em: http://www.mtecbo.gov.br/cbosite/pages/home.jsf. Acesso em: 31 mar. 2021.

Arteterapia (arte como e em terapia)	Integra saúde mental e serviços humanos que enriquecem a vida de indivíduos, famílias e comunidades.
Incentiva a produção artística ativa e o processo criativo.
Incentiva a reflexão sobre a arte.
Utiliza teorias psicológicas e experiência humana no relacionamento arteterapeuta/cliente.
Apoia efetivamente os objetivos de tratamento pessoal e relacional do cliente, bem como as preocupações da comunidade.
Possibilita o desenvolvimento das funções cognitivas e sensório-motoras; promove insights, autoestima e autoconsciência; cultiva a resiliência emocional; contribui com o aprimoramento de habilidades sociais, a redução e a resolução de conflitos e angústias, além de possibilitar a promoção de mudanças sociais e ecológicas.
Referência: Janie Rhyne.
Artepsicoterapia	Área de especialização que habilita um profissional graduado a atuar como psicoterapeuta utilizando a arte como recurso.
Referência: Ruy de Carvalho.
Terapia artística	Fundamentada nos estudos da antroposofia e desenvolvida no séc. XX.
Prescrição de pintura para alguns pacientes como parte do tratamento médico.
Chegou ao Brasil em 1969, na Clínica Tobias, em São Paulo
Referências: Ada Jens, Ita Wegmann e Rudolf Steiner.

Fonte: elaborado pelas autoras

Em 2016, a professora Savneet Talwar publicou, no *Journal of the American Art Therapy Association*, um artigo intitulado "Is there a need to redefine art therapy?", tratando justamente da questão do exame crítico da definição da arteterapia, inicialmente cunhada por Elinor Ulman e discutida no artigo "Art therapy: problems of definition", publicado em 1975.

Em sua pesquisa, Talwar revisitou arquivos e documentos históricos da AATA e se deparou com registros que demonstravam as diversas bases epistemológicas que fundamentaram o desenvolvimento da área. As informações assim obtidas alimentam reflexões sobre a história e os alicerces teóricos que apoiaram a prática de cada arteterapeuta e enriquecem a discussão e o desenvolvimento da área.

Todavia o julgamento sobre o que é certo e errado, bem como a busca de uma forma imutável e concreta da arteterapia, restringem a compreensão da área que é, por princípio, baseada na liberdade presente na arte. Essa, entretanto, não se trata de uma liberdade irresponsável. É fundamental manter o cultivo de princípios éticos essenciais para a compreensão da subjetividade humana e, principalmente, da relação no processo terapêutico, além da flexibilidade e abertura no que tange às particularidades culturais. De acordo com Talwar: "É uma prática complexa, que respondeu ativamente a novos paradigmas de cuidado. A arte na arteterapia não é apenas a expressão de nosso mundo psicológico, mas também reflete as realidades sociais, culturais e políticas das experiências vividas no dia a dia" (Talwar, 2016, p. 117).

Essa discussão traz à tona, também, a necessidade de abertura para compreender e refletir sobre a origem e o contexto dos termos, conceitos e particularidades dos artigos escritos e das práticas observadas, levando em consideração características regionais e temporais e o autoconhecimento do arteterapeuta. A forma como cada arteterapeuta comunica sobre sua prática indica como ele próprio se reconhece como profissional. Compreender-se como ser humano integral, reconhecendo as próprias habilidades, o conhecimento teórico, fragilidades e limitações, permite que o arteterapeuta atue de forma ética e responsável. A questão da ética será abordada em maior profundidade mais adiante.

Atualmente, é possível listar aproximadamente 40 associações de Arteterapia, em diversos locais do mundo, que auxiliam na regulamentação da profissão, incentivam pesquisas e publicações, reúnem profissionais e fomentam discussões, promovendo congressos, fóruns e reuniões. Essas associações estão listadas no Apêndice Associações de Arterapia.

É fundamental, ainda, esclarecer o que não é arteterapia. Produtos como livros de colorir, por exemplo, facilmente encontrados em diversas livrarias, intitulados ou catalogados como arteterapia, na verdade não o são. Podem ser uma atividade relaxante e prazerosa para algumas pessoas, frustrante e desafiante para outras, porém arteterapia é algo mais amplo e complexo, como já discutimos. A AATA (2017) também chama a atenção para cursos e treinamentos que não são ministrados por arteterapeutas devidamente treinados.

Encontramos o uso da arte como potencial terapêutico também nas áreas de Terapia Ocupacional e Arte-Educação. Enquanto a arteterapia tem entre seus objetivos contribuir para a resolução de conflitos internos e o desenvolvimento psicológico (ubaat, 2021), a Terapia Ocupacional visa primordialmente capacitar o indivíduo a lidar com as atividades do dia a dia (WFOT, 2017). A arte na Arte-Educação é considerada pela INSEA[2] como "um meio natural de aprendizagem em todas as fases do desenvolvimento do indivíduo, promovendo valores e disciplinas essenciais para o pleno desenvolvimento intelectual, emocional e social do ser humano em comunidade" (INSEA, 2019, n.p.). O Quadro 2 relaciona características dos diversos usos da arte, segundo a área.

Quadro 2 – Uso da arte

Arteterapia	Uso da arte como base de um processo terapêutico.
	Estímulo para o crescimento interior (novos horizontes e ampliação da consciência do indivíduo sobre si mesmo e sobre sua existência).
	Uso de expressão simbólica.
	Estímulo à criação espontânea.
	Não há preocupação com a estética.
	Utilização de diversas técnicas: pintura, modelagem, colagem, desenho, tecelagem, expressão corporal, dança, sons, músicas, criação de personagens, escrita, contos e histórias, fotografias, materiais da natureza (flores, folhas, sementes, pedras etc.).
	Objetivo de propiciar mudanças psíquicas, expansão da consciência, reconciliação de conflitos emocionais e desenvolvimento da personalidade.
Terapia ocupacional	Ação centrada no cliente.
	Promoção de saúde e bem-estar por meio de uma ocupação.
	Capacitação das pessoas para as atividades da vida cotidiana.
	Trabalho com pessoas e comunidades para melhorar a capacidade do cliente de se envolver nas ocupações que deseja.
	Modificação do ambiente ou da atividade ocupacional para melhor apoiar o envolvimento do cliente.
Arte-educação	Premissas: a arte é uma forma de expressão e comunicação humana, sendo uma disciplina essencial para o pleno desenvolvimento intelectual, emocional e social do ser humano; a educação pela arte é natural em todos os períodos de desenvolvimento do indivíduo; expressar a criatividade é uma necessidade básica.
	Promoção da reflexão sobre valores.
	Desenvolvimento de habilidades para conviver em comunidade

Fontes: Ubaat (2021); WFOT (2017); Insea (2019)

---

[2] A International Society for Education Through Art (INSEA) é uma organização não governamental e parceira oficial da Organização das Nações Unidas para a Educação, a Ciência e a Cultura (Unesco).

As primeiras experiências de muitos brasileiros com a criação artística e a experimentação de si como ser criador, acompanhadas por um profissional com conhecimento artístico formal, ocorreram, durante alguns anos, no ambiente escolar. Em 1996, a Lei de Diretrizes e Bases da Educação Nacional (LDBEN) n.º 9.394/96 consolidou a arte como disciplina obrigatória no currículo da educação básica. Em 2010, conteúdos sobre arte passaram a ser considerados na seleção de docentes para a educação básica. Em 2016, fixou-se a obrigatoriedade das modalidades Artes Visuais, Dança, Música e Teatro nas diretrizes e bases da educação nacional, em substituição ao termo "Arte", e um prazo de cinco anos para que as instituições educacionais se adaptassem à nova lei. Todavia, ao final do mesmo ano, uma medida provisória excluiu a obrigatoriedade de Artes e da Educação Física do currículo (FAEB, 2019). Em 2017, o ensino das artes volta ao currículo básico, especificamente associado às expressões regionais.[3]

Fica aqui o convite ao questionamento, à reflexão e à observação dos impactos e das consequências da carência de contato mais amplo com as artes em histórias pessoais e também como um todo em uma sociedade privada da experimentação artística.

2.2 ARTE E SAÚDE MENTAL – BREVE HISTÓRICO

É sabido que os seres humanos se expressam de diversas formas. A necessidade de comunicação, de socialização e de vinculação com o outro é inerente à espécie por uma questão de sobrevivência, de manutenção de afetos e da sensação de segurança. Com a evolução cognitiva, a expressão por imagens deu origem ao desenvolvimento da linguagem e da escrita. A arte, como forma de comunicação, participou e ainda está presente nesse caminho da evolução humana: "O uso terapêutico das artes remonta, sem dúvida, às civilizações mais antigas" (Ciornai, 2004, p. 21). De acordo com o professor israelense Yuval Harari (2015), autor do best-seller *Sapiens: uma breve história da humanidade*, um dos primeiros registros históricos de representação artística indiscutível é a estatueta em marfim, esculpida há 32 mil anos, de um "homem-leão" (ou "mulher-leoa") encontrada na caverna de Stadel, na Alemanha.

Por se tratar de um meio de expressão que permite expor conteúdos ainda não elaborados pela compreensão racional, fortemente valorizada nos dias atuais, a arte pode ser uma grande aliada quando se trata de comunicar

---

[3] Lei n.º 9.394, de 20 de dezembro de 1996. Capítulo II, Seção 1, Art. 26, §2º. Disponível em: http://www.planalto.gov.br/ccivil_03/leis/l9394.htm. Acesso em: 31 mar. 2020.

temas subjetivos. A arteterapia atua sobre aspectos do mundo interno do indivíduo, abrindo espaço para a expressão, a conscientização e a elaboração de conteúdos ainda não conhecidos racionalmente.

Além de Freud e Jung, houve outros profissionais da área da saúde mental dos séculos XIX e XX que se dedicaram a compreender seus pacientes por meio das expressões artísticas, não somente a partir da observação e da interpretação das peças criadas, mas proporcionando condições para o acontecimento do momento de criação e incentivando seus clientes/pacientes a experimentar materiais, cores, formas e diversas maneiras de expressar o que viviam.

As primeiras pesquisas relacionando arte e saúde mental foram publicadas no fim do século XIX. Alguns profissionais que marcaram essa época são europeus. Max Simon, médico psiquiatra, em 1876, classificou algumas patologias de acordo com as produções artísticas; Césare Lombroso, advogado criminalista, em 1888, fez análises de desenhos para classificar psicopatologias, acreditando no valor diagnóstico das criações (Ferri, seu discípulo, deu continuidade a esse trabalho); Morselli, em 1894, Júlio Dantas, em 1900, e Fursac, em 1906, também fizeram estudos a partir de trabalhos artísticos de internos psiquiátricos, seguidos por Charcot e Richet, que também se interessaram pelas obras dos enfermos mentais; Mohr, em 1906, comparou produções artísticas às de pessoas consideradas normais e de grandes artistas – tais análises, juntamente à relação da história de vida e a estudos sobre personalidade, mais tarde serviram de inspiração para a criação de testes, como o Rorschach, o Murray-TAT e o Szondi, e de testes de avaliação motora e de inteligência, como o Binet-Simon, o Goodenough e o Bender; Prinzhorn comparou desenhos de pessoas internadas por questões de saúde mental a diversas escolas artísticas – impressionistas, expressionistas, surrealistas e outras –, publicando seus estudos completos em 1922 (Carvalho; Andrade, 1995).

Sem dúvida, Sigmund Freud e Carl Gustav Jung tiveram um papel importante na construção das bases da Psicologia, levando em conta, também, a compreensão das artes como expressão do inconsciente. Em uma das primeiras publicações brasileiras sobre as origens da arteterapia, *A arte cura? Recursos artísticos em psicoterapia*", de 1995, os arteterapeutas Maria Margarida M. J. de Carvalho e Liomar Quinto de Andrade esclarecem que:

> Apesar de Freud nunca ter usado o recurso da linguagem artística no processo terapêutico, os fundamentos do que veio a se chamar Arte-terapia já estavam definidos a partir

de suas pesquisas e reflexões. Os recursos expressivos ou artísticos foram percebidos por ele como uma forma de comunicação do inconsciente, assim como a linguagem dos sonhos. E a compreensão desta linguagem simbólica, catártica e livre de censura do consciente, possibilitou e impregnou enormemente o desenvolvimento posterior da Arte-terapia ou Terapias Expressivas. (Carvalho; Andrade, 1995, p. 31).

Alguns estudos de Freud sobre artistas e suas obras são *Gradiva* (1906), *Uma memória de infância* (1910), sobre a vida de Leonardo da Vinci, e *Moisés* (1913), sobre Michelangelo. Para Freud, a criação artística é fruto de uma atividade de sublimação por meio da qual o artista exerce a capacidade de superar e recriar o objeto arcaico perdido (Carvalho; Andrade, 1995). Veremos, mais adiante, que o processo de luto pode também conter o convite ao exercício de tais capacidades quando o indivíduo se depara com a realidade do vínculo rompido.

Segundo Carvalho e Andrade (1995), Jung, em 1920, passa a utilizar a linguagem artística nos atendimentos psicoterápicos, considerando a criatividade como um fator psicológico natural, que teria função estruturante, e a atividade artística como complementar à expressão oral e capaz de estimular o paciente a organizar seus recursos internos. Seu olhar voltava-se principalmente para a observação e a análise dos símbolos que surgiam nas criações de seus pacientes, associando-os a diversos temas arquetípicos, mitológicos e culturais da humanidade. Mais tarde, outras teorias psicológicas, como o psicodrama, a Gestalt e as linhas humanista, sistêmica, construtivista e transpessoal viriam a considerar a arte como elemento necessário à compreensão do ser humano (Carvalho; Andrade, 1995).

A Segunda Guerra Mundial colocou em cheque a capacidade criativa da humanidade diante de tamanho terror e destruição. Ao mesmo tempo, há registros de sobreviventes que preservaram sua saúde mental por meio da chama acesa da imaginação e da criação de uma nova realidade possibilitada pelo fazer artístico. O contato com a arte se mostrou de extrema importância no desenvolvimento da resiliência, mesmo após experiências de sofrimento extremo. São exemplos os relatos das sobreviventes do holocausto registrados no livro *As meninas do quarto 28*, escrito por Hannelore Brenner, em 2004, traduzido e publicado no Brasil em 2014.

> As meninas formavam uma comunidade baseada na lealdade e na amizade. Uma comunidade que fundou uma pequena organização, o "Ma'agal", que compôs um hino e criou uma

> flâmula – um círculo e, dentro dele, duas mãos entrelaçadas: um símbolo da perfeição e o ideal que todas almejavam. Uma comunidade sempre unida pela mesma esperança e anseio: que a Alemanha logo fosse derrotada e a guerra, finalmente, terminasse. (Brenner, 2014, p. 13, posição 186).

O livro foi escrito com base no diário e caderno de recordações de duas meninas sobreviventes abrigadas no Quarto 28, Helga Kinsky e Anna Flachova (Flaska), então com 12 anos de idade. O trecho citado reflete a importância do fazer criativo. As meninas compuseram um hino – música e letra –, criaram uma flâmula feita com um tecido de linho tingido de azul-escuro e, sobre ele, o símbolo do Ma'agal, que consistia em um círculo branco, no qual havia duas mãos entrelaçadas. Essa flâmula enfeitou o abrigo. O movimento de criação materializou em símbolo o compromisso de apoio mútuo e a atmosfera de esperança, representando uma realidade interna de força que alimentou a capacidade de resiliência pessoal para sobreviver ao sofrimento de cada dia.

> A ideia do "Ma'agal" foi uma daquelas inspirações que, uma vez conscientizada, se acende e irradia um brilho intenso, desenvolvendo uma dinâmica inesperada. É como se o Ma'agal libertasse um potencial que existia de forma difusa, como se lhe desse forma e objetivo, alterando, assim, a atmosfera reinante no pequeno mundo do Quarto 28. De um dia para o outro havia ali algo novo, como se, durante a noite, houvesse desabrochado uma flor. (Brenner, 2014, p. 103, posição 1657).

Os diários e registros artísticos em geral permitem, ainda, que momentos e conteúdos sejam revisitados posteriormente. A concretude da arte nos dá a dimensão da nossa capacidade de adaptação e transformação quando comparamos reflexões feitas em diferentes momentos do processo criativo. A mudança que vemos na arte pode representar aquela que vivemos internamente. "O diário nos faz entender o desejo de criar um memorial digno para todos aqueles que se empenharam em 'oferecer um lar relativamente bonito em meio à miséria' para todas as crianças" (Brenner, 2014, p. 28, posição 361).

Sobre "um lar relativamente bonito", a autora destaca a importância da presença de Friedl-Dicker-Brandeis, nascida em Viena, em 1898, cuja formação artística foi orientada por Franz Cizek, um dos iniciadores do movimento que se transformaria mais tarde na arteterapia moderna.

Friedl dava aulas de desenho e pintura para as meninas no Quarto 28. Para Marta Frohlich, as aulas de pintura eram "como estrelas brilhantes na escuridão do gueto" (BRENNER, 2014, p. 212, posição 3705). Ao longo do livro há relatos sobre a sensação de liberdade e de plenitude, bem como de perda da noção de tempo durante as práticas artísticas. E, ainda, sobre o silêncio, a concentração e o envolvimento nas atividades.

> Para Friedl, você não precisava saber desenhar bem. Isso não era o mais importante para ela", diz Helga quando se refere às aulas ministradas por Friedl. "Para Friedl, o importante era que as pessoas pudessem se desenvolver, que aprendessem a enxergar, a reconhecer as cores e brincar com elas. A fazer movimentos de acordo com uma música ou ritmo. Por exemplo, Friedl tamborilava um determinado ritmo na mesa e nos dizia para desenhar esses movimentos no ritmo correspondente. Por alguns momentos, o seu modo de ensinar nos transmitia uma sensação de tranquilidade. Ela foi capaz de evocar em nós uma atitude positiva em relação à situação da nossa vida em Theresienstadt. Sua presença fazia com que tudo ficasse bem, como que por encanto. (Brenner, 2014, p. 213, posição 3718).

Antes de ser direcionada para o campo de concentração, Friedl dava aulas em Viena. Uma de suas alunas foi Edith Kramer, na época com 20 anos. Com Elinor Ulman e Margareth Naumburg, Kramer cunhou o termo arteterapia, em 1958, com a publicação do livro *Art therapy in a children's community*. Elas pertencem ao grupo de pioneiros norte-americanos nessa disciplina pedagógica. O segundo livro de Kramer, *Art therapy for children* é dedicado a Friedl, assassinada em Auschwitz-Birkenau em 1944.

Novos movimentos artísticos foram acompanhados por novas formas de compreender o ser humano. A educação pela arte surgiu também nessa época, a partir dos trabalhos inovadores de Viktor Lowenfeld e Florence Cane, irmã mais velha de Margareth Naumburg, dentre outros. À medida que foram desenvolvidos estudos e entendimentos sobre o desenvolvimento humano, a arte passou a ser vista como recurso capaz de proporcionar uma formação integral para as crianças, abarcando potenciais cognitivos, afetivos, sociais e motores.

A arteterapia como profissão surgiu por volta dos anos 1940, com a mudança do paradigma cartesiano, que considerava o pensamento racional e lógico como parâmetro norteador, para uma nova forma de ser, estar e observar o mundo, que ressalta a importância da subjetividade e do inconsciente.

2.3 ARTE E SAÚDE MENTAL NO BRASIL

Dois importantes médicos brasileiros destacaram-se como pioneiros na investigação sobre o emprego da arte no cuidado à saúde mental, no contexto psiquiátrico, tendo, inclusive, trocado correspondência com os fundadores da Psicanálise e da Psicologia analítica, Freud e Jung, a respeito de seus trabalhos. São eles Osório César e Nise da Silveira.

Em 1923, Osório César, então cumprindo residência em Psiquiatria no Hospital do Juqueri, em Franco da Rocha, São Paulo, começou a desenvolver estudos sobre a arte dos internos. Pioneiro no uso das artes no cuidado à saúde mental no Brasil, escreveu inúmeros artigos e realizou diversas exposições ao longo de sua carreira, com o intuito de promover a dignidade humana entre as pessoas internadas por questões de saúde mental (Carvalho; Andrade, 1995).

Em 1925, cria a Escola Livre de Artes Plásticas, do Juqueri, e, sob a ótica da psicanálise, publica seu primeiro trabalho com o título "A arte primitiva dos alienados", seguido, em 1927, pela publicação de outros dois estudos, "Contribuição para o estudo do simbolismo místico dos alienados" e "Sobre dois casos de estereotipia gráfica com simbolismo sexual". Em 1929, publica *A expressão artística nos alienados*, obra considerada a mais importante de sua carreira. Organizou, em 1948, a 1ª Exposição de Arte do Hospital do Juqueri. Em 1949, foi premiado pelo livro *Misticismo e loucura: contribuição para o estudo das loucuras religiosas no Brasil*. Em 1950, apresentou o trabalho "Contribuição ao estudo da arte entre alienados", exibindo as obras de dois de seus pacientes, Sebastião e Albino, que receberam consagração internacional como artistas no I Congresso Internacional de Psiquiatria, em Paris.

A médica psiquiatra Nise da Silveira, em 1946, instituiu o trabalho artístico como atividade oferecida na seção de terapia ocupacional do Centro Psiquiátrico D. Pedro II, em Engenho de Dentro, Rio de Janeiro. Dr.ª Nise encontrou, na teoria junguiana, a linha de orientação para a compreensão de seus pacientes por meio dos símbolos expressos pelas imagens presentes nas obras. O trabalho em Engenho de Dentro foi publicado em 1981 no livro *Imagens do inconsciente* (Carvalho; Andrade, 1995).

O Museu de Imagens do Inconsciente (2021), inaugurado em 1952, ainda hoje conserva o acervo de criações e objetos artísticos criados pelos internos desde então. Atualmente, o Museu de Imagens do Inconsciente faz parte do Instituto Municipal Nise da Silveira (antigo Centro Psiquiátrico Pedro II), guarda a biblioteca e o arquivo pessoal da Dr.ª Nise e conta com mais de 350 mil obras, constituindo-se na maior e mais diferenciada coleção do gênero no mundo. Os principais trabalhos são tombados pelo Instituto do Patrimônio Histórico e Artístico Nacional (Iphan), e o museu detém o Registro Mundial no Programa Memória do Mundo da Unesco.[4]

O filme *Nise – O coração da loucura*, dirigido por Roberto Berliner e lançado no Brasil em 2016, ganhou o Prêmio do Público de Melhor Filme, no Festival do Rio 2015, de Melhor Atriz e Grande Prêmio, no Festival de Tóquio 2015, e o Prêmio Panda de Melhor Filme, no Festival Brics de Cinema. Esse filme apresentou ao grande público a biografia dessa médica brasileira, mostrando sua prática de cuidado pela arte assim como as características da relação estabelecida com alguns de seus pacientes, relações estas pautadas pelo respeito à dignidade dos internos.

Em 1968, a psicóloga Maria Margarida M. J. de Carvalho iniciou seus estudos e trabalhos com arteterapia, organizando, quatro anos mais tarde, cursos no próprio consultório, em parceria com o psicólogo Carlos Alberto Godoy e com a professora e crítica de arte Radhá Abramo. No mesmo ano, esse trio de profissionais orientou um trabalho de arteterapia com detentos na Penitenciária do Estado de São Paulo, que foi exposto, em 1973, na II Jornada Médico-Hospitalar do Hospital do Servidor Público de São Paulo. Ainda nesse ano, Maria Margarida de Carvalho apresentou uma proposta de trabalho em arteterapia no XI Congresso Nacional de Neurologia, Psiquiatria e Higiene Mental, também em São Paulo, e, em 1974, realizou mais uma apresentação de natureza semelhante, dessa vez no I Congresso Interamericano de Psicologia Clínica em Porto Alegre, Rio Grande do Sul (Carvalho, 1995a).

Desse trajeto surgiu o primeiro curso de Terapias Expressivas do Instituto Sedes Sapientiae, em São Paulo, oferecido em 1980 e 1981. Maria Margarida de Carvalho e seus colegas, Monica Allende Serra, Bia O'Cougne e Norberto Abreu e Silva Netto, organizaram o programa, que envolvia também o uso de dança e expressão corporal, técnicas expressivas que, na época, não eram compreendidas como integrantes da arteterapia, uma vez que esta era "uma denominação geralmente vinculada às artes plásticas" (Carvalho, 1995b, p. 18).

Enquanto isso, no Rio de Janeiro, a psicóloga Angela Philipini estruturava a Clínica Pomar, um centro de estudos em arteterapia de orientação junguiana fundado em 1982, que passou a oferecer cursos a partir do ano

---

[4] Disponível em: http://mii2.hospedagemdesites.ws/#historico. Acesso em: 4 abr. 2021.

seguinte. Philipini foi uma aluna de Elizabeth Vieira que, por volta de 1970, participou de um dos grupos de estudos oferecidos por Luiz Duprat, licenciado em Arteterapia nos Estados Unidos (ANDRADE, 2000).

Em 1989, a arteterapeuta Maria Margarida de Carvalho foi convidada pela psicóloga Selma Ciornai para fazer parte da equipe de professores do curso Introdução à Arteterapia, no Instituto Sedes Sapientiae. Selma Ciornai teve seu primeiro contato com a arteterapia em 1975 e, desde então, seguiu por uma trajetória de aprofundamento do conhecimento das várias possibilidades da prática, realizando trocas importantes com profissionais de referência na área, como o professor Peretz Hesse, ligado à Societé Internationale de Psychopatologie de l`Expression et Art-Thérapie (França), e Jayne Rhyne, considerada a mãe da arteterapia na abordagem gestáltica (Ciornai, 2004).

Em 1990, o curso oferecido pelo Instituto Sedes Sapientiae se transformou em programa de especialização, com duração de três anos, um dos primeiros cursos em arteterapia desse nível no Brasil. As primeiras turmas contaram com aulas ministradas pelo psicanalista e professor João A. Frayze-Pereira, estudioso das áreas de estética, história da arte, clínica e cultura, e que publicou, entre outros títulos, *Arte, dor: inquietudes entre estética e psicanálise*, em 2005, com ensaios que abordam o tema da percepção (objeto percepção, objeto o outro, objeto percepção do outro) como fenômeno estético (Frayze-Pereira, 2010).

Uma das primeiras iniciativas para a fundação de uma associação de profissionais da categoria partiu da psicóloga e doutora em Psicologia Clínica Joya Eliezer que, em 1999, fundou a Associação Paulista e Brasileira de Arte Terapia no Museu de Artes de São Paulo (Masp) (Andrade, 2000). Joya também desenvolveu a ecoarte e a ecoarteterapia, com aulas e atendimentos a céu aberto, em parques e reservas florestais, e trabalhos associando a arteterapia à prática corporal, como a Técnica Laban, entre outros.[5]

O curso de Arteterapia e Expressões Criativas do Instituto Junguiano de Ensino e Pesquisa (Ijep) existe desde 2008, fundamentado na teoria analítica desenvolvida inicialmente por Carl Gustav Jung. Fundou-se, então, a Sociedade Brasileira de Arteterapia (Sobrarte), a partir da necessidade de unir os profissionais arteterapeutas de diversas regiões do Brasil formados nessa linha de trabalho. De acordo com a associação:

---

[5] Disponível em: Currículo Lattes: http://lattes.cnpq.br/1895830260005180. Acesso em: 20 jul. 2021.

> É importante deixar claro que, no Brasil, não existe nenhum órgão regulamentador da Arteterapia e que todas as associações ou uniões de associações são meros agrupamentos de pessoas físicas, sem qualquer amparo legal para arbitrar, regulamentar ou reconhecer o arteterapeuta. A SOBRARTE, não tem nada a se opor à tentativa de integrar as várias associações, mas não aceita ingerência e interferência na grade curricular e docente do nosso curso de especialização em Arteterapia e Expressões Criativas, que titula e forma especialistas em Arteterapia, com reconhecimento pelo MEC, conferindo amparo legal e tranquilidade de atuação a todos nossos alunos que receberam o certificado de especialização e, automaticamente, são filiados à SOBRARTE. (Sobrarte, 2021, n.p.).

Em relação à arte-educação no Brasil, atualmente contamos com o trabalho do professor e artista plástico Hélio Rodrigues, que fundou seu próprio ateliê nos anos 1970. Rodrigues foi consultor para a fundação do primeiro instituto de arte-educação no Brasil. Junto à a arteterapeuta e psicóloga Fabiana Geraldi, realiza o trabalho de formação de arte-educadores e coordena o projeto social "Eu Sou", que, desde 2003, tem como objetivo viabilizar a experiência da arte para crianças e adolescentes em situação de risco e vulnerabilidade social no Rio de Janeiro.

De acordo com Rodrigues, o trabalho está fundamentado na relação da arte com a subjetividade e, nesse sentido, as áreas se inter-relacionam, pois têm em comum a compreensão humana. Geraldi, por sua vez, reflete sobre a importância de garantir a experiência da livre criação artística sem que o momento seja capturado pelo objetivo do aprendizado estético, um dos elementos da arte-educação, ou de reconhecer e identificar símbolos pela antecipação do olhar do psicólogo (Arte pra quê, 2020).

Em 2020, o Departamento de Arteterapia do Instituto Sedes Sapientiae promoveu diversos encontros, palestras e debates on-line e gratuitos para o público em geral, em comemoração aos 30 anos do curso de especialização. Vários profissionais que atuam em diversas regiões do Brasil e do exterior participaram desses eventos, abordando temas da arteterapia, tais como a materialidade da arte, a evidência fenomenológica como base conceitual do trabalho, situações de emergências e desastres, atendimento em cuidados paliativos, atendimento de idosos e crianças, arte-reabilitação, técnicas artísticas, dentre outros. Mostrou-se, assim, que o desenvolvimento da área no Brasil está ativo e os profissionais permanecem atentos aos ajustes necessários de acordo com as circunstâncias, como a necessidade de adaptação para atendimentos remotos on-line no contexto da pandemia da Covid-19.

Foram citados apenas alguns profissionais que fizeram parte da construção da história do cuidado à educação e à saúde pelas artes no Brasil. Muito ainda há que se pesquisar e organizar em relação à documentação histórica, à localização, às práticas e à realização de trabalhos ao longo do tempo. A bagagem teórica e o conhecimento prático desses profissionais que fundaram a área no Brasil têm frutificado e, hoje em dia, contamos com vários arteterapeutas brasileiros que oferecem cursos, workshops, participam de congressos e eventos, escrevem artigos e publicações sobre sua prática, cuidam de indivíduos de todas as idades e grupos com questões diversas, contribuindo, assim, para o desenvolvimento da área.

Atualmente, a arteterapia no Brasil é oferecida por profissionais de diversas áreas de graduação, desde que tenham se formado em um dos cursos de especialização devidamente reconhecidos pela União Brasileira de Associações de Arteterapia (Ubaat), fundada em 2006, ou pelo Ministério da Educação (MEC). Hoje, no país, existem cerca de 60 instituições que oferecem formação em Arteterapia, em 14 estados brasileiros e Distrito Federal, não havendo registros de cursos em estados da região norte do país.

2.4 PRODUÇÕES CIENTÍFICAS

Há duas revistas científicas brasileiras com publicações periódicas que abarcam as produções derivadas da pesquisa em arteterapia. São elas: *Revista da Associação de Arteterapeuta do Estado de São Paulo* (2010-), com duas edições ao ano desde 2010; e a *Revista Científica Cores da Vida* (2005-), publicada pela Associação Brasil Central de Arteterapia (ABCA) (2020), com duas edições ao ano desde 2005. Não foram encontradas revistas brasileiras sobre arteterapia indexadas às bases de pesquisas internacionais.

Em artigo publicado em 2016, no *Art Therapy: Journal of the American Art Therapy Association*, a autora Donna H. Kaiser incentiva e destaca a importância de publicações revisadas por pares para o desenvolvimento e para a consolidação da área. Com o título *"Why art therapists should care about peer review"*, Kaiser discorre sobre o crescente número de livros publicados sobre arteterapia na última década, em face à pouca publicação de artigos em revistas científicas, e reflete como isso pode ser um problema e por que os profissionais arteterapeutas devem se preocupar com isso. Segundo a autora, artigos publicados em revistas científicas têm maior alcance entre os profissionais atuantes em diversos países, que se beneficiam do conhecimento exposto em sua prática clínica e, portanto, os resultados divulgados tendem a ter mais impacto na realidade de estudantes, pesquisadores e projetos em andamento.

Ao destacar publicações revisadas por pares, Kaiser esclarece que tais artigos são submetidos e aprovados por profissionais que conhecem a área e têm repertórios prático e científico para criticar e validar o material. Assim, as publicações têm garantia de qualidade, credibilidade e relevância. Além disso, o processo de submissão é composto por etapas que visam melhorar a compreensão da publicação. Essas fases incluem a troca de críticas e solicitações para esclarecer detalhes da metodologia ou aperfeiçoar a exposição do raciocínio do pesquisador, a fim de que a publicação esteja dentro dos padrões de qualidade da revista. O processo ocorre voluntária e anonimamente, para que o foco seja exclusivamente a qualidade do material (Kaiser, 2016).

ARTE E SAÚDE NO SÉCULO XXI

Desde o início do ano 2000, houve um aumento significativo no número de pesquisas a respeito dos efeitos da arte na saúde e no bem-estar das pessoas. No final de 2019, a Organização Mundial da Saúde (OMS) divulgou um relatório produzido pela regional europeia com os principais resultados de estudos e pesquisas realizadas de janeiro de 2000 a maio de 2019 acerca do papel da arte em diversos contextos de saúde e bem-estar. O objetivo foi responder à pergunta "Quais são as evidências do papel das artes na promoção da saúde e bem-estar?". Tal questionamento surgiu a partir da lacuna existente em razão da escassez de estudos consistentes e do crescente desenvolvimento de práticas e políticas sobre o uso das artes no contexto da saúde.

O relatório final, elaborado com base no método Scoping Review, levou em consideração um compilado de mais de 900 publicações – nos idiomas russo e inglês – de estudos baseados em evidências. Mais de 200 desses artigos se referiam a revisões da literatura, revisões sistemáticas, meta-análises e meta-sínteses, cobrindo mais de 3.000 estudos que abordavam o papel das artes na prevenção de doenças, na promoção da saúde e no manejo e tratamento de doenças no ciclo de vida. As revisões abrangeram estudos de várias naturezas – estudos de caso, etnográficos, longitudinais, projetos-piloto etc. – e variados métodos. A OMS considera que o fato de o relatório buscar estabelecer relações entre os resultados de estudos tão diversos em termos teóricos e metodológicos contribui para ampliar o conhecimento sobre uma área que é eminentemente multidisciplinar (FANCOURT; FINN, 2019).

Os resultados demonstraram que as artes podem influenciar positivamente tanto a saúde mental como a física e possibilitaram categorizar a compreensão sobre a influência da arte no campo da saúde a partir de dois grandes temas: Prevenção e Promoção, Manejo e Tratamento. Em cada tema é possível identificar outros subtemas, conforme o Quadro 3:

Quadro 3 – Impacto das artes na saúde

Prevenção e promoção	Manejo e tratamento
Suporte ao desenvolvimento infantil.	Contribuição para a vivência da doença mental.
Efeitos sobre aspectos sociais da saúde.	Suporte a pessoas em condições agudas.
Contribuição para a prevenção do adoecimento.	Suporte a pessoas em condições de transtornos mentais neurológicos ou transtornos de desenvolvimento.
Estímulo a comportamentos de promoção de saúde.	Assistência no manejo de doenças difíceis de serem comunicadas.
Suporte ao cuidador.	Suporte no cuidado do fim da vida.

Fonte: Fancourt e Finn (2019, p. 5, tradução nossa)

    O conceito de arte pode variar entre diferentes ambientes culturais e, até mesmo, entre grupos de um mesmo local, faixa etária ou estilo de vida. Mas há algumas características comuns que são reconhecidas como fundamentais nas artes e foram consideradas na compilação do estudo realizado pela OMS. São elas: há um objeto, seja ele físico ou experimental, que possui seu próprio valor em vez de ser algo meramente utilitário; oferece experiências imaginativas, tanto para o artista quanto para quem entra em contato com a criação; provoca e inclui respostas emocionais; é original, criativo, inovador; requer habilidades especiais; relaciona-se com regras, formas, composições ou expressões que podem estar em acordo ou desacordo com algo (Fancourt; Finn, 2019).

    Também há variações na compreensão quanto às técnicas que podem ser utilizadas. Muitas vezes, as linguagens se misturam e tal fluidez acaba por dificultar a definição dos limites entre elas. Para este estudo focado na saúde, foram definidas cinco categorias artísticas, apresentadas no Quadro 4 – Categorias artísticas, a seguir.

Quadro 4 – Categorias artísticas

Artes performáticas.	Atividades de música, dança, teatro, canto e filmes.
Artes visuais, desenho e artes manuais.	Artes manuais, desenho, pintura, fotografia, escultura e manuseio de tecidos.
Literatura.	Escrita, leitura e apresentações.

Cultura.	Visitação a museus, galerias, exibições de artes, concertos, teatros, eventos comunitários, festivais de cultura e feiras.
Arte digital.	Animações, criação de filmes e gráficos digitais.

Fonte: Fancourt e Finn (2019, p. 1, tradução nossa)

Tais categorias combinam atividades ativas de criação e passivas de contemplação, além de possibilitar cruzar fronteiras, tanto as culturais quanto aquelas relacionadas a novas técnicas e expressões artísticas.

Para a OMS, "o conceito de saúde vai além da mera ausência de doenças. Na verdade, só é possível ter saúde quando há um completo bem-estar físico, mental e social de uma pessoa".[6] Ou seja, a atenção focada na promoção da saúde e na prevenção de doenças é de extrema importância e leva em consideração, além disso, os fatores culturais que embasam a promoção da saúde e do bem-estar social e individual.

Também é importante incluir os múltiplos aspectos das relações sociais, como integração, contribuição, aceitação, confiança e compreensão individual, como integrantes de um grupo social e confiança no potencial coletivo. Na prática, alguém que sofre de uma doença crônica, por exemplo, pode não estar condenado a uma vida não saudável. O cuidado e o manejo adequados de tal condição tendem a promover o desenvolvimento de habilidades psicológicas de adaptação e resiliência, ou seja, o indivíduo desenvolve meios para se manter em equilíbrio e bem-estar e continuar a participar ativamente da sociedade.

Nesse sentido, a saúde pode ser considerada como um processo dinâmico relacionado à capacidade de automanejo, e intervenções baseadas em atividades artísticas podem contribuir para tanto. Por serem complexas e diversas, além de apresentarem diferentes componentes conhecidos pela promoção da saúde, tais atividades estimulam respostas específicas e estilos saudáveis de comportamento a serem cultivados e fortalecidos. Os componentes da cadeia de estímulo à criação artística estão relacionados no Quadro 5.

---

[6] Disponível em: https://www.paho.org/bra/index.php?option=com_content&view=article&id=5263:opas--oms-apoia-governos-no-objetivo-de-fortalecer-e-promover-a-saude-mental-da-populacao&Itemid=839. Acesso em: 4 fev. 2021.

Quadro 5 – Componentes de estímulo à criação artística

Engajamento estético
Interação social
Estímulo à imaginação
Atividade física
Ativação sensória
Engajamento com temas de saúde
Evocação das emoções
Interação com ambientes de cuidado
Estímulo cognitivo

Fonte: Fancourt e Finn (2019, p. 3, tradução nossa)

Cada atividade artística envolve diferentes combinações desses componentes favoráveis à saúde, sejam as atividades realizadas no dia a dia ou especificamente, com o objetivo de promoção de saúde, como em programas de arteterapia desenvolvidos para públicos com necessidades predefinidas. Assim, por exemplo, atividades que incluem dança para pessoas em reabilitação motora, ao mesmo tempo em que promovem o exercício físico, propiciam a relação com a beleza estética, a criatividade e a possibilidade de expressão, o que contribui para que o indivíduo se sinta motivado a realizar as atividades, fortalecendo o compromisso consigo e o cuidado com a própria saúde.

É importante considerar as preferências culturais do indivíduo no momento da escolha da atividade artística. A força dos projetos de artes está justamente na combinação de diversos fatores de promoção de saúde. As respostas que podem ser esperadas a partir dessas intervenções envolvem áreas complementares do ser integral do indivíduo e são apresentadas, a seguir, no Quadro 6.

Quadro 6 – Exemplos de respostas esperadas a partir do contato com o estímulo artístico

Psicológicas	Aumento do autoconhecimento, regulação emocional e capacidade de enfrentamento.
Fisiológicas	Diminuição da liberação de hormônios do estresse, aumento da atividade imunológica, aumento da capacidade cardiovascular.
Comportamentais	Aumento de atividade física, comportamentos saudáveis, desenvolvimento de outras habilidades.

| Sociais | Redução de solidão e isolamento, aumento do suporte social, desenvolvimento de comportamentos sociais. |

Fonte: Fancourt e Finn (2019, p. 3, tradução nossa)

A partir da observação dos resultados obtidos ao longo do tempo, é possível dizer que as intervenções baseadas em atividades artísticas estimulam e fortalecem estilos positivos de comportamento relacionados à prevenção, ao tratamento, ao manejo e à promoção de saúde e autocuidado do indivíduo (Fancourt; Finn, 2019).

Políticas relacionadas às artes na saúde vêm sendo desenvolvidas desde o início dos anos 2000. Todavia, esse desenvolvimento ocorre de maneira localizada. Assim, por exemplo, inexistem protocolos internacionais validados para a atuação dos profissionais que atuam na área. Essa tem sido uma das principais preocupações das associações e congressos de arteterapeutas, que se esforçam para dar contornos científicos ao conhecimento já acumulado. Isso significa que há pouca consistência entre os estudos e o compartilhamento de boas práticas. Um dos objetivos da pesquisa, publicada em 2019, pela OMS Regional Europa (WHO) (2019) foi mapear as evidências das artes na saúde de forma global, bem como propor uma série de políticas a serem consideradas internacionalmente, com o intuito de promover a coesão e o fortalecimento das práticas nesse campo.

Para a OMS, as intervenções baseadas em artes são cada vez mais utilizadas no setor da saúde e têm ganhado destaque os resultados positivos obtidos em termos da promoção do bem-estar dos atendidos. As práticas de cuidado que empregam a arte como recurso têm sido, desse modo, vistas como passíveis de serem incluídas em políticas públicas de saúde. A OMS considera, ainda, que estratégias focadas na promoção da saúde devem levar em conta o trabalho multissetorial como forma de catalisar ações que promovam bem-estar e aumento do capital humano ao longo da vida (WHO, 2019). Além disso, a *Agenda 2030 para o Desenvolvimento Sustentável*, criada pela Organização das Nações Unidas (ONU), inclui suporte à boa saúde e ao bem-estar, promoção de educação de boa qualidade, construção de cidades e comunidades sustentáveis, encorajamento ao trabalho decente, crescimento econômico e trabalho em parceria (ONU, 2015). O trabalho com as artes contribui para a conquista desses objetivos.

Os estudos mapeados no relatório da OMS (WHO, 2019) consideraram diversos programas com variados tipos de atividades artísticas e lugares de atendimento, incluindo hospitais, centros de primeiros cuidados à comunidade e atendimento domiciliar. Foi constatado que há uma quantidade robusta de resultados que mostram benefícios das artes nas saúdes mental e física. O segundo ponto identificado foi a possibilidade de intervir em casos considerados como sem solução viável. As artes possibilitam desenvolver habilidades para lidar com dificuldades e criar vínculos nos casos em que a saúde está ligada ao contexto comunitário e social. O terceiro ponto indica que, além da eficácia das artes na saúde, há benefício econômico decorrente dessas intervenções. Todavia há a ressalva de serem necessários mais estudos para avaliar e quantificar o retorno econômico obtido. Os resultados foram agrupados em duas grandes áreas, com os temas que as compõem, e são apresentados no Quadro 7.

No que diz respeito à área foco desta obra – arteterapia e luto –, a pesquisa da OMS (WHO, 2019) destaca que a arte é um movimento tradicional para o apoio ao luto. A construção de memoriais, por exemplo, garante um lugar concreto para a expressão do luto de uma comunidade, reavivando a memória dos envolvidos na perda. Manifestações coletivas de luto podem até fazer parte das características culturais de uma comunidade, região ou país. A comunidade católica, por exemplo, preza a encenação da Paixão de Cristo na semana que antecede o domingo de Páscoa. Em algumas regiões, a Semana Santa é organizada de modo a ter encenações públicas dos últimos dias de Cristo, antes da crucificação e no momento da morte. Há também procissões, rituais com cantos, orações, decoração das ruas e igrejas para relembrar esse momento histórico e significativo para os fiéis.

Na Índia, a cidade de Varanasi é conhecida pelos rituais hindus de cremação e despedida do ente querido às margens do Rio Ganges. Não podemos deixar de lembrar também o Dia de Los Muertos, no México. As festas, decorações coloridas, músicas, mesas fartas com as comidas prediletas dos entes queridos que já se foram e rituais dedicados aos falecidos formam uma característica marcante desse povo e já serviu de tema para diversos filmes.

Quadro 7 – Estudos sobre arte e saúde – 2000 a 2019 – OMS Europa

Prevenção e promoção	Manejo e tratamento.
Determinantes sociais de saúde • Coesão social. • Desigualdade social.	Saúde mental • Perinatal. • Transtornos leves. • Transtornos severos. • Trauma e abuso.
Desenvolvimento infantil • Laço mãe-bebê. • Fala e linguagem. • Aprendizagem.	Condições agudas • Nascimento prematuro. • Cuidados hospitalares. • Cirurgias e procedimentos invasivos. • Cuidado intensivo.
Cuidador • Compreensão de saúde. • Habilidades clínicas. • Bem-estar.	Neurodesenvolvimento e transtornos neurológicos • Autismo. • Paralisia cerebral. • Derrame. • Lesões cerebrais adquiridas. • Doenças neurodegenerativas. • Demências.
Prevenção do adoecimento • Bem-estar. • Saúde mental. • Trauma. • Declínio cognitivo. • Debilidades. • Morte prematura.	Doenças difíceis de transmitir • Câncer. • Doenças pulmonares. • Diabetes. • Doenças cardiovasculares.
Comportamentos de promoção de saúde • Estilo de vida saudável. • Engajamento com o cuidado com a saúde. • Comunicação saudável. • Estigmas relacionados à saúde. • Engajamento com grupos difíceis de trabalhar.	Cuidados no fim da vida • Cuidados paliativos. • Luto e morte.

Fonte: Fancourt e Finn (2019, p. 8, tradução nossa)

Pesquisadoras do Laboratório de Estudos e Intervenções sobre Luto (LELu), da Pontifícia Universidade Católica de São Paulo, realizaram uma pesquisa etnográfica sobre a vivência do luto no dia dos mortos, no México. Guedes, Andery e Comaru (2021) relataram momentos vividos e observados em meio às festividades em Ocotepec, nas quais a morte é celebrada de forma coletiva, em contraponto ao que acontece no Brasil, onde o tema é tabu.

> Foi possível observar a vivência coletiva como forma de pertencimento, ratificando que as regras orientam e dão contorno em um momento em que as experiências individuais precisam encontrar um novo significado. Nesse aspecto também nos chamou atenção o caso de um grupo de jovens não pertencentes à cidade que morreram e não foram identificados, mas que o povoado considerou importante lembrar, dedicando-lhes um altar em uma rua em que é identificada como local da morte. (Guedes; Andery; Comaru, 2021, p. 237).

Embora, muitas vezes, a atividade artística aconteça em grupo, alguns estudos indicam a arte como uma forma de expressão individual, que promove a elaboração da dor e a possibilidade de atribuição de novos significados para a perda (Fancourt; Finn, 2019).

Entretanto chama atenção o fato de que, dentre as mais de 900 publicações consideradas na pesquisa da OMS (WHO, 2019), apenas nove compuseram o pequeno capítulo de análise sobre luto e estão apresentados no Quadro 8. Entre esses estudos, apenas um deles, "The therapeutic effectiveness of using visual art modalities with the bereaved: a systematic review" (Weiskittle; Gramling, 2018), foi incluído na análise deste livro, tendo sido os demais excluídos por não estarem de acordo com os critérios de inclusão da pesquisa nos itens data ou motivo do luto. Há, certamente, a ser pesquisado e desenvolvido, um amplo campo envolvendo a associação das artes no cuidado a enlutados.

Quadro 8 – Estudos que serviram de base para o tema luto no relatório da OMS (2019)

WALTER, T. How people who are dying or mourning engage with the arts. *Music Arts Action*, University of Bath, v. 4, n. 1, p. 73-98, 2012.	Excluído pelo critério: data anterior a janeiro de 2016.
BLOOD, C.; CACCIATORE, J. Best practice in bereavement photography after perinatal death: qualitative analysis with 104 parents. *BMC Psychol.*, Arizona State University, v. 2, n. 1, p. 15, 2014. DOI: 10.1186/2050-7283-2-15	Excluído pelo critério: data anterior a janeiro de 2016.

SCHAEFER, M. R. et al. Legacy artwork in pediatric oncology: the impact on bereaved caregivers' psychological functioning and grief. *J Palliative Med.*, [a. l.], v. 22, n. 9, p. 1124-1128, 2019. DOI: 10.1089/jpm.2018.0329	Excluído pelo critério: intervenção artística com pacientes.
MCGUINNESS, B.; FINUCANE, N.; ROBERTS, A. A hospice-based bereavement support group using creative arts: an exploratory study. *Illness Crisis & Loss*, [s. l.], v. 23, n. 4, p. 323-342, 2015. DOI: 10.1177/1049909114555155	Excluído pelo critério: data anterior a janeiro de 2016.
FANCOURT, D. et al. Group singing in bereavement: effects on mental health, self-efficacy, self-esteem and well-being. *BMJ Support Palliative Care*, [s. l.], 2019. (publicação eletrônica antecipada). DOI: 10.1136/bmjspcare-2018-001642	Excluído pelo critério: luto no processo de adoecimento.
YOUNG, L.; PRINGLE, A. Lived experiences of singing in a community hospice bereavement support music therapy group. *Bereavement Care*, [s. l.], v. 37, n. 2, p. 55-66, 2018. DOI: 10.1080/02682621.2018.1493646	Excluído pelo critério: luto no processo de adoecimento.
WEISKITTLE, R. E.; GRAMLING, S. E. The therapeutic effectiveness of using visual art modalities with the bereaved: a systematic review. *Psychol. Res. Behav. Manag.*, [s. l.], v. 11, p. 9-24, 2018. DOI: 10.2147/PRBM.S131993	Incluído nesta pesquisa.
O'CALLAGHAN, C. C. et al. Sound continuing bonds with the deceased: the relevance of music, including preloss music therapy, for eight bereaved caregivers. *Death Stud.*, [s. l.], v. 37, n. 2, p. 101-25, 2013. DOI: 10.1080/07481187.2011.617488	Excluído pelo critério: data anterior a janeiro de 2016.
TURTON, B. M. et al. Arts-based palliative care training, education and staff development: a scoping review. *Palliative Med.*, [s. l.], n. 32, v. 2, p. 559-70, 2018. DOI: 10.1177/0269216317712189	Excluído pelo critério: luto no processo de adoecimento.

Fonte: elaborado pelas autoras com base em Fancourt e Finn (2019), tendo como critério o objetivo principal da pesquisa

4

LIÇÕES DA ARTETERAPIA PARA O CUIDADO NA PANDEMIA, HOSPITAIS E MUSEUS

O ano de 2020 se iniciou com diversos desafios para a população mundial. Em janeiro foi identificada, no interior da China, a contaminação de diversas pessoas pelo novo coronavírus (SARS-COV-2), que, de fato, havia começado a se manifestar no mês de dezembro do ano anterior, causando o adoecimento pela Covid-19.

A doença, com alto grau de transmissão e grandes riscos para idosos e pessoas com saúde debilitada, espalhou-se rapidamente por diversos países. Em fevereiro, intensificaram-se medidas rígidas de prevenção ao contágio e de mobilização de equipes de saúde para atender ao crescente número de contaminados, resultando na construção de diversos hospitais de campanha, no cancelamento de reuniões presenciais para evitar aglomerações, inclusive em ambientes escolar e profissional, além de outras providências.

A situação descontrolada da contaminação, a falta de informações precisas sobre o tratamento e a contenção da doença ganharam maior visibilidade conforme os casos foram aumentando rapidamente. No mês de março de 2020, a OMS (WHO, 2020) declarou estado de pandemia, alertando sobre a necessidade de criação e de cumprimento de novas regras globais para conter a transmissão do vírus, que começou a ser visto com mais seriedade, tanto pelos órgãos governamentais quanto pelas populações, que tiveram que alterar completamente o seu dia a dia.

Em meio a essa nova realidade, muitas adaptações foram necessárias. A vida diária passou a não ser a mesma e o planejamento de atividades cotidianas teve de ser repensado. A nova rotina se transformou em um constante convite à autopercepção dos fatores pessoais que garantem o próprio bem-estar, a qualidade de vida e a saúde mental. O respeito e a responsabilidade para com o outro e o senso de coletividade também ganharam destaque.

Para a OMS, a definição de qualidade de vida "é a percepção do indivíduo de sua inserção na vida, no contexto da cultura e sistemas de valores nos quais ele vive e em relação aos seus objetivos, expectativas, padrões e preocupações" (BVS, 2013, n.p.). Abriu-se, então, maior espaço para refletir sobre as implicações de existir de modo inter-relacionado com a comunidade, fosse ela o próprio bairro onde o indivíduo morava ou o planeta compartilhado entre todos os seres, para se compreender com clareza as consequências das ações individuais, ainda que mínimas.

Tais ações, que anteriormente poderiam ter sido consideradas corriqueiras e sem muita importância ou impacto na vida do outro, passam a ser vistas, nesse novo momento, de forma ampliada e inter-relacionada. Tivemos a oportunidade de ponderar sobre o impacto das ações de um indivíduo na vida do outro, com consequências quase imediatas.

O artigo "Saúde mental e intervenções psicológicas diante da pandemia do novo Coronavírus (Covid-19)", escrito por Schmidt em conjunto com outros pesquisadores e publicado em 2020, na revista *Estudos de Psicologia*, aborda preocupações quanto aos prejuízos para a saúde física e ao sofrimento psicológico que podem ser experimentados pela população em geral e pelos profissionais da saúde envolvidos no cuidado aos enfermos, em decorrência dessa situação de emergência internacional. Nesse artigo de revisão narrativa da literatura, os autores concluíram que:

> [...] a psicologia pode oferecer contribuições importantes para o enfrentamento das repercussões da COVID-19, que vem sendo considerada a maior emergência de saúde pública que a comunidade internacional enfrenta em décadas. Essas contribuições envolvem a realização de intervenções psicológicas durante a vigência da pandemia para minimizar implicações negativas e promover a saúde mental, bem como em momentos posteriores, quando as pessoas precisarão se readaptar e lidar com as perdas e transformações. (Schmidt *et al.*, 2020, p. 10).

A Psicologia Ambiental é considerada uma área recente da Psicologia e, como definiu Bassani, centra

> [...] no estudo das inter-relações pessoa-ambiente físico, tanto o construído pelo ser humano (casas, estradas, pontes, cidades etc) quanto o natural. Considera que a pessoa atua e modifica o ambiente e que o ambiente atua e modifica a pessoa, no sentido de relações mútuas. (Bassani, 2020, p. 97-98).

Ter como objeto de estudo a pessoa em seu contexto implica que o pesquisador se debruce sobre questões interdisciplinares, tenha o olhar amplo para o corpo coletivo no qual cada indivíduo está inserido – de forma a modificar e ser modificado nas relações –, assim como compreenda os movimentos dessas inter-relações ao longo da história e em diversos âmbitos, não somente as relações entre a pessoa e o meio ambiente físico e social.

Em 2000, foi solicitada pela ONU a Avaliação Ecossistêmica do Milênio que contou com a colaboração de mais de 1.360 especialistas em todo o mundo. A partir dos resultados e das análises foram estabelecidas metas para a proteção dos recursos naturais e o cuidado dos ecossistemas e bem-estar humano. Além dos dados e de informações técnicas a respeito da situação no planeta, a pesquisa também alertou sobre o impacto prejudicial da forma imediatista do ser humano se relacionar com a natureza. "Nossas ações cotidianas, muitas vezes, desconsideram os impactos e consequências para nossa própria saúde e para a das pessoas com quem convivemos, quanto mais conceber que nos importemos com os possíveis efeitos para aqueles que desconhecemos!" (Bassani, 2020, p. 101).

De acordo com Harari (2020), a humanidade enfrentou essa crise aguda não apenas por causa do vírus, mas pela falta de confiança entre os seres humanos. A crise na confiança e na solidariedade global nos enfraquece diante da ameaça que vivemos. A questão não era apontar o dedo para o outro e ver nele o responsável pela segurança ou pelas dores do coletivo, mas desenvolver a responsabilidade de cuidar de si como indivíduo e cidadão social, ecologicamente participante do ambiente.

Harari (2020, p. 7) ainda alerta que "a coisa mais importante que as pessoas precisam compreender sobre a natureza das epidemias talvez seja que sua propagação em qualquer país põe em risco toda a espécie humana". Será possível debater também sobre a validade dessa afirmação considerando epidemias sociais como a da pobreza, a da carência educacional ou a do autoritarismo? O que é preciso para criar uma epidemia de solidariedade?

Podemos dizer que essa guinada no rumo global impactou o mundo individual, coletivo e ambiental. A mudança provocada pela pandemia ainda está acontecendo. O mundo permanece em meio à profunda adaptação a uma nova realidade e, somente com o tempo será possível ter o distanciamento necessário para analisar e compreender os acontecimentos.

O grande número de mortos tornou a sociedade atual uma sociedade enlutada, luto agravado por situações políticas que intensificam o sofrimento. O contexto e a situação da morte influenciam diretamente a vivência do processo de luto e a elaboração da perda. "Sim, a pandemia é um desastre, e o luto dela decorrente deve receber o mesmo tratamento dado a lutos decorrentes desses casos" (Franco, 2021, p. 149).

Nesse sentido, Wallace e outros pesquisadores trouxeram contribuições importantes a respeito do possível impacto da pandemia na vivência do processo de luto, no artigo "Grief during the Covid-19 pandemic: considerations for palliative care providers", publicado em 2020, pela revista *American Academy of Hospice and Palliative Medicine*. Baseado em estudos pré-pandemia e na experiência consolidada em cuidados no fim da vida, o artigo relaciona a sensação de medo, a preocupação, as perdas múltiplas na família e na comunidade, o isolamento social, as perdas financeiras e de outros fatores de manutenção de segurança, bem como a limitação da visita presencial a um familiar hospitalizado e fatores motivadores do luto complicado. Já atitudes como a quebra de regras de isolamento social e a impossibilidade de ritualizar a perda e viver o luto são citadas como exemplos de situações que podem suscitar o luto não reconhecido (Wallace *et al.*, 2020).

A impossibilidade de ritualizar a perda da forma como culturalmente o brasileiro está acostumado e se sente confortado (velar o corpo com a presença de amigos e familiares, dedicar mais tempo para o ritual, receber abraços e conforto de pessoas queridas), em decorrência do cumprimento de medidas sanitárias de segurança exigidas para essa crise, colocou o enlutado diante do desafio de criar maneiras de se despedir e de cuidar do próprio luto. A morte de um ente querido como consequência da Covid-19 tem mostrado a necessidade do olhar cuidadoso para experiências de luto antecipatório e luto não reconhecido. O impacto desorganizador dessa doença mostra a importância do cuidado atento estendido à família (Franco, 2021, p. 140).

Todos esses fatores estiveram presentes durante a pandemia, e a atenção à manifestação das vivências de luto foi de extrema importância para oferecer o cuidado adequado ao enlutado. Como vimos no capítulo anterior, atividades que envolvem a arte possibilitam trabalhar no contexto descrito por Wallace *et al.* (2020), de modo a propiciar reflexões e fortalecer comportamentos voltados ao cultivo da saúde e do bem-estar.

A partir de experiências com arteterapia durante a epidemia de Ebola, entre 2014 e 2015, na Libéria, e de SARS, em Hong Kong, e do atendimento virtual a profissionais de saúde que atuam na linha de frente e em comunidades, os arteterapeutas Jordan S. Potash, Debra Kalmanowitz, Ivy Fung, Susan A. Anand e Gretchen M. Miller contribuíram com a comunidade internacional de arteterapeutas, publicando lições da arteterapia para a pandemia da Covid-19. O artigo intitulado "Art therapy in pandemics: lessons for Covid-19", publicado em 2020 na revista *Art Therapy*, afirma que a arteterapia pode ser uma aliada no enfrentamento desse tipo de situação.

> Para ajudar os arteterapeutas a trabalhar efetivamente com as realidades da nova doença Coronavírus (COVID-19), este relatório especial reúne arteterapeutas com experiência em trabalho em pandemias (Ebola, SARS), atendendo a profissionais de saúde e construindo comunidades virtuais criativas. Os arteterapeutas podem apoiar as diretrizes psicossociais de saúde pública recomendadas, disseminando informações, promovendo a expressão e inspiração, desafiando o estigma, modulando as informações dos meios de comunicação, protegendo conexões familiares, monitorando o estresse traumático secundário, desenvolvendo enfrentamento e resiliência, mantendo relacionamentos e ampliando a esperança. (Potash *et al.*, 2020, p. 105, tradução nossa).

Há diversas atividades e práticas de arteterapia que foram úteis durante a pandemia. Uma delas foi a organização da produção de material informativo entre grupos e comunidades, impedindo a disseminação de falsas notícias, fator preocupante com forte impacto no aumento do nível de estresse.

Outras medidas incluíram criar e contribuir com o cuidado social, de modo a aumentar o senso de pertencimento à comunidade; incentivar e oferecer meios para que as crianças expressassem suas dúvidas, emoções e pontos de vista a partir do seu próprio nível de compreensão, de maneira que o adulto cuidador pudesse buscar interagir e compreender a criança de maneira lúdica, respeitando seu próprio momento diante de uma situação nova e delicada e também fortalecendo vínculos; fomentar atividades artísticas relaxantes, incluindo música e exercícios respiratórios, que podiam mitigar o *burnout* entre profissionais de saúde. Em síntese, agindo em prol do cuidado, um dos fatores que previne o luto complicado e outros tipos de luto mais difíceis de lidar.

Diante das recomendações de distanciamento social físico, diversos profissionais tiveram que adaptar seus atendimentos de forma a manter o contato on-line. Sobre isso, Potash *et al.* (2020) afirmaram:

> Os arteterapeutas têm a capacidade de formar criativas reações em cadeia em nossas redes online. Essas comunidades podem ter impactos positivos duradouros e de longo alcance, que podem se espalhar facilmente por meio de nossas mídias sociais e conexões de Internet. (Potash *et al.*, 2020, p. 107, tradução nossa).

Mais uma vez, a criatividade, a flexibilidade e a capacidade de adaptação do arteterapeuta foram convidadas a entrar em cena para proporcionar novas formas de cultivo da arte para quem necessitava de cuidados.

No contexto pré-pandemia, um movimento de associação das artes à saúde e ao cuidado da manutenção do bem-estar da população em geral estava acontecendo em diversos ambientes de cuidado à saúde pelo mundo, como hospitais, clínicas, centros de reabilitação etc. Também ambientes principalmente dedicados às artes, como museus e galerias, passaram a oferecer atividades voltadas ao cuidado e à promoção da saúde.

Em 2017, a All-Party Parliamentary Group on Arts, Health and Wellbeing (APPG), grupo fundado em 2014 pela aliança de instituições como Wellcome, Paul Hamlyn Foundation e Arts and Humanities Research Council, com o objetivo de promover conhecimento sobre os benefícios das artes no cuidado à saúde e ao bem-estar, publicou um estudo baseado em amplo questionário sobre prática e pesquisa nas artes em saúde e assistência social. O intuito foi compilar uma série de recomendações para melhorar as práticas e políticas de viabilização e regulamentação de atividades artísticas associadas ao cuidado. Participaram do estudo as seguintes instituições: National Alliance for Arts, Health and Wellbeing, King's College London, The Royal Society for Public Health e Guy's and St Thomas' Charity, e responderam à pesquisa profissionais de saúde que atuavam no Reino Unido.

Uma das práticas identificadas no estudo foi a prescrição médica de atividades artísticas como parte do tratamento de depressão, ansiedade e dor crônica. Um dos programas consistia em

> [...] participar de curso de oito semanas, com sessões de duas horas, liderado por um artista profissional que trabalha com poesia, cerâmica, desenho, mosaico ou pintura. Os participantes são encorajados a buscar sua própria criatividade em um ambiente semelhante a um estúdio, em vez de um ambiente médico. Os artistas têm treinamento regular em supervisão clínica e proteção, para garantir que sejam capazes de identificar os casos em que os pacientes precisam ser encaminhados de volta ao médico. Adotando uma abordagem que se baseia nos recursos existentes para a saúde e o bem-estar, o objetivo do programa é encorajar e auxiliar no autogerenciamento das condições de longo prazo na comunidade. (APPG, 2017, p. 73, tradução nossa).

Além de diversas instituições no Reino Unido, há também, como exemplo, o Robert Bosch Hospital, em Stuttgart, Alemanha, que, desde 1998, oferece experiências artísticas a pacientes gravemente enfermos, funcionários e até mesmo a visitantes. Cada um é estimulado, à sua maneira, conforme as possibilidades específicas e respeitando os protocolos de biossegurança exigidos (Grüner, 2019).

A psicóloga, arteterapeuta e pesquisadora inglesa Sue Holttum aborda a prática e a pesquisa do movimento de arte e saúde em diversos museus e galerias no capítulo intitulado "Art therapy in museums and galleries: evidence and research", que abre a publicação de mesmo nome, editada por Ali Coles e Helen Jurry, em 2020.

Holttum descreve trabalhos realizados com grupos de pessoas que receberam o diagnóstico de câncer, jovens, familiares de pessoas com diagnóstico de doença mental severa, profissionais que trabalham no cuidado à saúde mental, idosos, adultos com transtornos mentais severos, militares veteranos e adultos com distúrbios alimentares. Em todos os trabalhos, "os participantes estabeleceram conexões pessoais e, frequentemente, emocionais, com as obras expostas" (Holttum, 2020, p. 35, tradução nossa), além de o local inspirar os participantes a fazerem suas próprias criações artísticas expressando suas emoções.

Uma das contribuições da presença da arte em instituições de saúde é o combate ao estigma, já que locais de cuidado se tornam, também, locais de incentivo, desenvolvimento cultural e de aproximação social. Do outro lado, locais de cultura passam a cuidar da saúde, aproximando diversos grupos de pessoas, estimulando a criação de laços e vínculos e diminuindo a distância subjetiva em relação àquilo que conhecemos como "diferente".

5

O LUTO

Os eventos que formam a biografia individual acabam moldando a maneira como cada pessoa vai enfrentar os vários desafios que encontrará ao longo da vida. Em razão de sua fragilidade, o bebê depende de um(a) cuidador(a) para garantir sua sobrevivência. O tipo de vínculo assim estabelecido tem influência sobre o sentimento de segurança que a criança desenvolverá, inicialmente em relação ao ambiente familiar e, depois, já adulto, com respeito aos demais relacionamentos que vier a estabelecer. Em outras palavras, a relação primária com o(a) cuidador(a) determina um padrão de apego que terá repercussões ao longo da vida do indivíduo (Bowlby, 2002, 2004a, 2004b).

Nesse sentido, pode-se dizer que "cada padrão de apego é associado a um padrão específico de cuidado parental" (Franco, 2010, p. 26) e que é possível identificar tal padrão a partir dos comportamentos que a pessoa exibe nas diversas situações de relacionamento. Observações realizadas por Bowlby, Ainsworth e equipe de pesquisadores identificaram comportamentos de vinculação e manutenção dos vínculos realizados pela dupla cuidador-bebê. Esses estudos deram origem à Teoria do Apego, que sistematiza quatro estilos de apego, apresentados no Quadro 9.

Quadro 9 – Estilos de apego

Estilo de apego	Características
Seguro	Bebês ativos nas brincadeiras; buscam contato quando afetados pela separação e são confortados; exploram o mundo com liberdade e têm a mãe como base segura.
Inseguro Ansioso/ ambivalente	Apresentam comportamentos ansiosos, como abraçar e chorar; apresentam ansiedade de separação; mostram-se ansiosas para explorar o mundo. Sensíveis a afetos negativos.
Inseguro Ansioso/ evitativo	Oscilam entre busca de proximidade e resistência ao contato com a mãe; mostram como defesa uma atitude de autossuficiência emocional; sentem-se vítima de quem deveria lhe dar apoio.

Estilo de apego	Características
Inseguro Desorganizado	Oscilam entre padrão ambivalente e evitativo; a figura de apego é também causa de medo, agressão e rejeição; a figura de apego tanto oferece cuidado ambivalente quanto não oferece cuidado.

Fonte: Franco (2021, p. 53-53)

O estilo de apego, ou seja, a forma como o indivíduo se vincula ao ente querido, é um dos fatores que influenciam como o luto pode ser vivido. Uma vez que a perda é vista e sentida como um rompimento do vínculo, o enlutado com estilo de apego desorganizado pode se sentir, por exemplo, totalmente desamparado, ameaçado, com muita dificuldade de compreender o que está acontecendo. Tende, ainda, a experimentar acentuados sentimentos de culpa e dificuldades em receber cuidados.

Pessoas que se caracterizam pelo tipo de apego inseguro ansioso/evitativo têm a tendência a sofrer de intensa solidão, já que, em geral, sentem-se vítimas de quem deveria oferecer cuidado e apoio. Aqueles que vivem relações sob o predomínio do estilo de apego ambivalente mostram-se, no mais das vezes, receosos em relação à exploração do mundo, o que pode dificultar a elaboração do processo de luto e a construção de uma nova vida a partir da perda.

O tipo de relação com o ente falecido é um fator crucial para compreender as experiências vividas no processo de luto. Contudo, esse é um processo complexo e não pode ser classificado em uma tabela de reações padrão. Há diversos fatores que devem ser considerados ao lidar com um enlutado: gênero, idade, personalidade do enlutado, tipo de morte, experiências anteriores de luto, parentesco e papel do enlutado na história de vida, momento do ciclo de vida da família, papel social e rede de apoio, impacto da perda no dia a dia e aspectos culturais envolvidos, dentre outros (Parkes, 1998, 2009). Nesse sentido, "O pesar do luto pode ser forte ou fraco, breve ou prolongado, imediato ou adiado. Seus aspectos particulares podem ser distorcidos e os sintomas que geralmente causam poucos problemas tornam-se grandes fontes de sofrimento" (Parkes, 1998, p. 145).

Ainda que as experiências iniciais sejam a base de vinculação com o mundo, o estilo de apego não é fixo e imutável, muito menos os estilos de apego podem ser compreendidos como observáveis em forma pura e clara. A categorização teórica oferece um apoio válido para a compreensão da vinculação, desde que se considere que os seres humanos podem apresentar características que variam entre os estilos de acordo com a dupla observada e com o momento de vida, além outros fatores.

Um dos aspectos importantes para a formação de vínculos ao longo da vida é a construção subjetiva do mundo presumido associada à relação com o outro. Considera-se mundo presumido a interpretação particular de cada indivíduo sobre o mundo em que vive, o que inclui suas crenças e seus valores e determina o que pensa sobre si e sobre os outros, assim como sua visão de futuro. O conceito desenvolvido por Janoff-Bulman, em 1992, "destaca a ideia de um mundo em transformação, ou seja: as crenças fundamentais que a pessoa tem sobre si mesma, sobre o mundo e sobre a relação entre ela e o mundo" (Franco, 2021, p. 57).

A perda do ser amado coloca o enlutado diante do rompimento de um projeto de vida, ou seja, da perda do mundo presumido construído a partir de experiências vividas no passado. A experiência da perda ainda descortina a realidade da impotência diante da morte, pode abalar a confiança na própria capacidade de realização e convida o enlutado a novamente construir um plano de vida com base nas novas perspectivas, sem a certeza de que o mundo presumido virá a se concretizar da forma como foi planejado, seja ele constituído por aspectos positivos ou negativos, e a realidade poderá ser, então, vivida ou como mais prazerosa, mais dolorosa, mais complexa ou dotada de polaridades mais visíveis do que o imaginado.

Entende-se por luto a elaboração psíquica de uma perda. O enlutado cria um novo lugar, do ponto de vista cognitivo, comportamental e afetivo, para aquele que se foi (Franco, 2020), e precisa elaborar o rompimento, aceitando a realidade da perda, vivenciando sinceramente o pesar, ajustando-se a um meio no qual o ente querido já não está mais presente fisicamente, transformando e ressignificando a relação com o falecido (Worden, 2018). Esse caminho segue permeado por expressões decorrentes desse evento significativo da vida.

Franco (2021) lembra que os pesquisadores Stroebe e Hansson descreveram cinco dimensões das reações do luto: intelectual, emocional, física, espiritual e social. Reações como alteração de sono e apetite, falta de atenção em atividades simples do dia a dia, preferência por estar mais afastado do círculo social ou necessidade de estar mais próximo de outros entes queridos, sentimentos de raiva, tristeza, culpa, busca ou questionamentos espirituais são algumas das reações esperadas após a perda de um ente querido (Franco, 2021).

Caso o ambiente social não permita que a pessoa viva esses momentos de elaboração naturalmente, tende a ocorrer uma interrupção no processo de luto e há uma grande chance de adoecimento psíquico. Ter espaço para expressar e ver validada a sua dor diante da perda faz toda a diferença. Apenas com o acolhimento e o respeito necessários à preservação de sua dignidade a pessoa pode entrar em contato com os próprios sentimentos e se deixar viver o luto.

O luto é, portanto, uma reação natural e esperada quando há o rompimento de um vínculo que tem um sentido importante para o indivíduo, ou uma perda significativa ou uma grande ameaça à segurança individual. Essas são ocasiões em que há a necessidade de dar sentido ao que aconteceu. É um processo de construção de significado muito relevante, que segue por caminhos desconhecidos, com encruzilhadas que convidam a explorar novos significados que permitam colocar aquela pessoa perdida em um lugar adequado, no lugar da memória construída. É uma trajetória necessária à reorganização da vida e à integração da possibilidade de viver sem aquela pessoa (Franco, 2020).

Viver a perda de alguém importante coloca a pessoa em uma situação em que a cada dia, a cada momento, é forçoso se deparar com o convite à reflexão sobre o significado da vida e das relações. É possível experimentar ora um sentimento de força inabalável, ora um suspiro e uma suave saudade. Em outros momentos, a pessoa se depara com um obstáculo que pode parecer intransponível. Cada um vive seu processo de luto de maneira singular, em seu tempo particular e, muitas vezes, enfrenta emoções contraditórias que resultam em comunicações desencontradas. Assim, não é possível generalizar como se dá a vivência do luto.

A oscilação entre ações voltadas à perda e aquelas voltadas à reconstrução da vida é considerada saudável no processo de luto, como identificada e descrita por Stroebe e Schut em 1999, no Processo Dual. Ter momentos de enfrentamento da perda e momentos de restauração do dia a dia cumpre a função adaptativa necessária para a construção de significados e a identificação do enlutado como protagonista de seu luto (Franco, 2021). A avaliação desse processo subsidia o amadurecimento emocional do enlutado, que envolve a consciência e a flexibilidade do sistema de crenças, da narrativa de vida e dos limites do mundo presumido. A estagnação do enlutado em apenas uma das orientações do Processo Dual é motivo de atenção e cuidado. Nesse caso, talvez seja o momento de procurar apoio profissional e ajuda especializada.

Em 2014, os professores norte-americanos Kenneth J. Doka e Terry Martin publicaram um artigo sobre as reações masculinas diante da experiência de uma perda significativa (Doka; Martin, 2014). A conclusão dos estudos clínicos mostra que não há uma relação direta entre resposta e gênero. Há estilos de expressão de luto que, geralmente, são condizentes com o estilo de personalidade e de reação do indivíduo diante de situações de estresse. Isso significa que o modelo operativo interno de cada indivíduo e a maneira como cada um expressa e vive o processo de luto são formados no decorrer das experiências de relação com o outro e modulados pelas expectativas do meio social.

Doka (2020) propõe o conceito de "estilos de luto", classificando-os como Intuitivo, Instrumental ou Misto. Cada um dos estilos implica uma determinada forma de reagir à experiência da perda. Existem em um *continuum*, podendo estar presentes em homens e mulheres, em diversos graus de expressão e intensidade.

No Estilo de Luto Intuitivo, o indivíduo experimenta fortes reações afetivas, há clara expressão do sofrimento e a adaptação envolve a expressão e a exploração dessas emoções. Muitas vezes, tais reações são mais associadas ao que é visto como um modo feminino. No Estilo de Luto Instrumental, o indivíduo experimenta o luto primeiramente de forma cognitiva ou física; o sofrimento, em geral, é expresso comportamental ou cognitivamente, e a adaptação frequentemente envolve pensar e fazer. Esse estilo mais ativo e cognitivo costuma ser associado ao que é considerado um modo masculino de reagir. Existe ainda o Estilo de Luto Misto, que apresenta características dos dois anteriores.

Há diversos fatores que influenciam, ainda que não determinem, o estabelecimento de um estilo de luto. Dentre esses fatores podem ser citados: gênero, biologia, cultura, temperamento, biografia e transição de papéis – como mudança de gênero – ou o papel assumido no sistema familiar (Doka, 2020). Por exemplo, uma mãe pode se perceber culturalmente sem permissão para viver um luto de forma intuitiva, por ser responsável pelo cuidado e pela manutenção de uma família com outras crianças, situação que exige cuidados e ações diretas para manter o funcionamento da dinâmica familiar. Ou um pai, que conta com a estrutura de apoio de sua rede social e percebe que há espaço para viver um luto de forma intuitiva, sem ser questionado sobre seu modo de viver a dor a partir de estereótipos preconceituosos. A forma como o luto é vivido influencia a nova realidade em construção.

Por fim, para que o processo de luto aconteça de forma a gerar amadurecimento, possibilidade de continuidade do vínculo com o ente querido de forma saudável, reequilíbrio e continuidade da vida na nova realidade, é preciso que o enlutado cumpra quatro tarefas descritas por Worden em 1993. Novamente, é importante destacar que não são tarefas sequenciais, realizadas em etapas fixas nem de forma pragmática; é um processo que ocorre ao longo do tempo. É preciso que o enlutado aceite a realidade da perda, processe a dor do luto, ajuste-se a um mundo sem o ente querido e encontre uma conexão duradoura. Dessa forma há um novo lugar, na vida do enlutado, para aquele que faleceu (Franco, 2021).

5.1 A ARTETERAPIA NO CUIDADO A ENLUTADOS

Com o objetivo de mapear a atuação recente de arteterapeutas brasileiros, especificamente no cuidado a enlutados, foram realizadas buscas nas revistas brasileiras de arteterapia, a *Revista da AATESP* (2010-) e a *Revista Cores da Vida* (2005), considerando o período de cinco anos entre janeiro de 2016 e dezembro de 2020. Por se tratarem de revistas disponibilizadas na íntegra, gratuitamente, para download em versão PDF, a busca foi realizada pela palavra-chave "luto", presente em qualquer parte ao longo do corpo do texto. O termo deveria ter sido utilizado com o significado de processo de luto de fato, excluindo-se usos metafóricos da palavra.

Nessa busca, foram examinadas nove edições da *Revista da AATESP* (2010-) e 11 da *Revista Cores da Vida* (2005-), cada uma com uma média, por exemplar, de cinco a seis publicações, entre artigos originais, resenhas, estudos de caso, resumos de monografia, relatos de experiência e ensaios. Apenas oito publicações apresentaram o termo "luto" ao longo do texto e somente uma tratou especificamente da relação da arteterapia com o luto: o estudo de caso de autoria de Domingueti e Saviotti (2020). As demais sete publicações foram analisadas a fim de compreender como tem sido o olhar do profissional arteterapeuta sobre o luto no processo de arteterapia. O Quadro 10 relaciona as publicações encontradas.

Quadro 10 – Publicações brasileiras sobre arteterapia e luto

Ano de publicação	Título	Autor(es)
2020	Morte e renascimento em tempos de pandemia: possibilidades de intervenção arteterapêutica.	CARDOSO, C. G.

Ano de publicação	Título	Autor(es)
2020	A arteterapia com idosos inseridos em universidades abertas à terceira idade.	CASTELAN, D. O.
2020	A arte como recurso da relação psicoterapêutica – Um estudo de caso sobre o luto através da Arteterapia.	DOMINGUETI, N. F. M.; SAVIOTTI, K. R. S. S.
2020	Conexão elas – Roda, mulher e arte: acolhimento arteterapêutico durante a pandemia.	FONTES, J. M. S. C.
2018	Arteterapia na área da saúde com foco na doença de Alzheimer e depressão em idosas.	CIASCA, E. C.
2018	Máscaras em arteterapia com usuários do centro de atenção psicossocial – Álcool e outras drogas.	VALLADARES-TORRES, A. C. A.; COSTA, M. V. G.
2017	A contribuição da arteterapia na remissão de sintomas depressivos e ansiosos nas toxicomanias.	VALLADARES-TORRES, A. C. A.
2017	Panorama específico das arteterapias criativas: revisão sistemática da literatura.	VALLADARES-TORRES, A. C. A.

Fonte: elaborado pelas autoras

Em 2020, as pesquisadoras e arteterapeutas Natávia de Figueiredo Machala Domingueti e Karen Rosângela Silva de Souza Saviotti publicaram um relato de caso intitulado "A arte como recurso da relação psicoterapêutica – um estudo de caso sobre o luto através da Arteterapia" (Domingueti; Saviotti, 2020). Esse foi o único artigo encontrado entre as publicações dos últimos cinco anos que tratava diretamente da associação entre a arteterapia e o cuidado à pessoa em luto.

Nesse estudo, as autoras assumem como ponto de partida a análise sob a perspectiva da psicologia analítica de Jung e tecem um breve histórico sobre a compreensão teórica de estudos sobre luto, desde o conceito dos estágios, cunhado por Elisabeth Kübler-Ross, passando pelo olhar da atribuição de significados proposto por Thompson e Neimeyer (2013), até a teoria do processo dual e dosagem do luto trazidos por Stroebe e Schut. Estes últimos ainda experimentaram o uso da arteterapia com enlutados em um protocolo de cuidado em grupo, obtendo resultados positivos no que diz respeito à facilitação da expressão de emoções vividas por esses participantes em internação limitada.

O estudo de caso apresentado descreve o processo percorrido com o emprego de diversas técnicas expressivas, bem como as imagens criadas pela enlutada, que perdera seu filho ainda bebê, e oferece reflexões acerca da relação da criação com o momento que estava sendo vivido. Ao logo do relato é possível observar que o processo arteterapêutico também proporcionou espaço para a expressão de sentimentos dolorosos experimentados antes da perda, que motivaram a busca pela terapia. Segundo as autoras, "observou-se no percurso dela o oscilar entre a perda e a restauração, nos processos vividos ao longo das sessões. A utilização da arte como recurso na relação terapêutica a auxiliou na expressão e ressignificação do seu sofrimento" (Domingueti; Saviotti, 2020, p. 38).

Os demais estudos abordam o tema do luto de forma indireta. Dentre as publicações de 2020, Castelan (Castelan, 2020) aborda o tema do luto a partir do contexto decorrente da pandemia causada pela Covid-19. O estudo com idosos que frequentam universidades abertas cita a resistência ao processo de luto como um dos motivos que impulsiona o interesse por esse tipo de atividade e instituição.

Nesse mesmo artigo, Castelan relata que, nas atividades artísticas, surgiram queixas de tristeza, escuridão e solidão (Castelan, 2020). Tais sentimentos podem estar relacionados a vivências de luto. Não fica claro, entretanto, como o processo de luto foi visto, compreendido e cuidado nessa experiência.

No trabalho utilizando máscaras com usuários do centro de atenção psicossocial álcool e outras drogas (Valladares-Torres; Costa, 2018), o termo "luto" surge na fala de um dos participantes, que nomeia e relata uma de suas criações: "Luto e Amor. O Luto me fez lembrar uma amiga que morreu, e não pude estar no enterro, porque estava internado. Já o Amor representa minha mãe. Está feliz porque a mãe conseguiu parar de fumar e beber há três dias" (Valladares-Torres; Costa, 2018, p. 10). Mais adiante, as pesquisadoras compreendem luto e amor como expressão de sentimentos opostos e analisam a criação: "As bocas de Bob Esponja" (2ª sessão) e "do Luto e do Amor" (4ª sessão) foram representadas abertas, o que pode sugerir passividade ou desejo de receber" (Valladares-Torres; Costa, 2018, p. 23). Tal análise foi feita baseada em critérios de interpretação de desenhos, em particular o HTP – Teste da casa, árvore e pessoa, o que indica que o trabalho arteterapêutico pode ter sido conduzido a partir de um olhar com significados predefinidos e talvez com propósitos de diagnóstico (Buck, 2009).

Em 2018, Ciasca escreveu o artigo "Arteterapia na Área da Saúde com foco na Doença de Alzheimer e depressão em idosas", baseado nos resultados de sua pesquisa de mestrado, que tinha por objetivo "avaliar quantitativamente o efeito de 20 sessões de Arteterapia em idosas com depressão, em tratamento farmacológico" (Ciasca, 2018, p. 16). O luto foi considerado como um dos temas de reflexão abordados com as participantes, entre outros, como solidão, perdas, ressentimentos, impotência e perda da vitalidade. A autora conclui que a "arteterapia aliada ao relaxamento e Imaginação Dirigida, elaborada em 20 sessões, apresentou redução em sintomas depressivos e ansiosos em um estudo único-cego randomizado com 31 participantes no GE e 25 participantes no GC" (Ciasca, 2018, p. 19) e finaliza destacando a importância da pesquisa quantitativa para o desenvolvimento e fortalecimento da credibilidade da área.

Datadas de 2017, foram encontradas duas publicações com autoria da mesma pesquisadora, Ana Cláudia Afonso Valladares-Torres. Uma delas se refere a um estudo sobre a contribuição da arteterapia na remissão de sintomas depressivos e ansiosos nas toxicomanias, cujo objetivo foi "investigar a prevalência de sintomas depressivos de forma comparativa, antes e após o processo arteterapêutico com dependente de drogas usuários de um Centro de Atenção Psicossocial álcool e outras drogas do Distrito Federal" (Valladares-Torres, 2017a, p. 36).

Foram utilizados instrumentos de coleta de dados, como o Inventário de Depressão de Beck (BDI) e o Inventário de Ansiedade de Beck (BAI), além de questionários sociodemográfico, clínico e psiquiátrico. A autora conclui que "o estudo trouxe um importante recurso terapêutico que pode ser implantado nos acolhimentos integrais dos CAPS-ad." (Valladares-Torres, 2017a, p. 45).

No que diz respeito ao luto, a autora apenas referencia "Fehlner (1994), que usou um programa de Arteterapia espontânea com as crianças de uma escola primária pública [...] que permitiu com que essas crianças pudessem nomear sua dor sobre o luto" (Valladares-Torres, 2017a, p. 43). Não foram encontradas menções ao luto do participante do processo arteterapêutico.

O segundo artigo da mesma pesquisadora trata de uma revisão sistemática da literatura com objetivo de traçar um panorama específico das arteterapias criativas. Nesse estudo, Valladares-Torres apresenta o artigo de J. Gerevich, de 2015, "Personal motif in art", que trata de pesquisa cuja modalidade de intervenção baseou-se na arteterapia, na criatividade e na literatura moderna/história e área/clientela classificada como artista, literatura e saúde. Sobre o artigo, Valladares-Torres comenta:

> O artigo (A11) traz a ideia de que, ao analisar produções das artes plásticas e da literatura, percebe-se que é um canal mais acessível de entrar em contato com o mundo emocional do sujeito do que por outros meios de comunicação. No mundo emocional se encontram experiências traumáticas importantes, como luto, decepção, vingança, ódio, rivalidade, revolta, entre outras. E as emoções são expressas em atividade artística, de forma direta ou indireta. (Valladares-Torres, 2017b, p. 15).

A partir desta breve pesquisa sobre luto entre estudos publicados em revistas brasileiras da área de arteterapia, podemos vislumbrar que há um caminho ainda por ser trilhado e desenvolvido nessa área. A arteterapia tem um grande potencial de contribuição para o cuidado ao enlutado, porém apenas um artigo, em cinco anos de publicações brasileiras, trouxe referências válidas de teorias e estudos que fundamentam essa prática.

Há também a questão da escassa publicação de arteterapeutas brasileiros em relação à atividade prática realizada no país. Isso dificulta a compreensão dos trabalhos que, de fato, estão sendo realizados, além de prejudicar o registro histórico, o desenvolvimento da área ao longo do tempo, o compartilhamento de conhecimento desenvolvido e o reconhecimento internacional. Vale lembrar que, com referência à participação em fóruns internacionais, destaca-se a atuação dos brasileiros pioneiros no cuidado à saúde pela arte, Dr.ª Nise da Silveira e Dr. Osório César.

Nos Estados Unidos, pesquisadores, em parceria com Robert A. Neimeyer, vêm contribuindo com trabalhos e publicações de estudos que envolvem o uso das artes e técnicas expressivas no cuidado ao enlutado. Os estudos, em sua maioria ancorados no construcionismo social, apoiam o uso das artes no processo de luto como forma de experimentar a construção de significados, estimulando a criação e o diálogo entre o enlutado, o terapeuta, os materiais e as criações. No prefácio de *Grief and expressive arts: practices for creating meaning*, publicado em 2014, Neimeyer apresenta o livro como uma compilação de diversos estudos que buscam criar uma ponte sólida entre o mundo da terapia do luto e o das artes expressivas. A relação enlutado-terapeuta também é vista como uma possibilidade de cocriar a nova realidade (Thompson; Neimeyer, 2014).

5.2 ÉTICA NO CUIDADO AO ENLUTADO

No cuidado ao enlutado, o trabalho baseado em princípios éticos reveste-se de especial importância. Louis A. Gamino e R. Hal Ritter Jr. abordam o tema em profundidade na obra *Ethical practice in grief counseling*, publicada em 2009, considerando:

> A ética é a disciplina que lida com o que é bom e mau e com o dever e a obrigação moral, particularmente no que diz respeito aos princípios de conduta que governam um indivíduo ou grupo. A prática ética do aconselhamento do luto significa ajudar os clientes e suas famílias, operando a partir de um código de conduta internalizado e aderindo ao mais alto nível de padrões e práticas profissionais. Para fazer isso, os conselheiros do luto devem partir de uma posição de integridade e responsabilidade pessoal, conhecendo e seguindo os códigos de ética, regulamentos estatutários e jurisprudência que dizem respeito ao seu campo de prática. (Gamino; Ritter Jr., 2009, p. 1).

Gamino e Ritter Jr. propõem o uso do Modelo de 5 Ps (The 5 P's model) para auxiliar no processo de tomada de decisão. O modelo é resultante da adaptação e extensão do trabalho pioneiro de Helen Perlman (1957), que desenvolveu estudos sobre ética no contexto da saúde mental, e consiste em refletir inicialmente sobre os seguintes fatores como base da tomada de decisão (Gamino; Ritter Jr., 2009, p. 21).

Quadro 11 – Modelo 5 Ps para tomada de decisão ética

Person – Pessoa – Quem são os envolvidos?
- Identificar quem são os clientes e outras pessoas envolvidas no processo de decisão.
Problem – Problema – Qual é o desafio ético a ser resolvido?
- Definir o problema considerando o contexto e as variáveis que o circundam.
Place – Local – Onde o dilema ético se manifesta?
- Identificar fatores específicos relacionados ao local.
Principles – Princípios – Qual princípio ético é o foco do problema?
- Identificar como o dilema se relaciona com princípios éticos, como leis, códigos de ética etc.
Process – Processos – Como a decisão será feita?
- Identificar o que foi considerado, as limitações da decisão, possíveis consequências.

Fonte: Gamino; Ritter Jr. (2009, p. 23, tradução e adaptação pelas autoras)

Especificamente sobre o cuidado ao enlutado, os autores ressaltam que "a ética do luto permite que as pessoas prateiem individualmente. [...] Terapeutas de luto eticamente conscientes aderem a uma posição de pluralismo em que as sensibilidades, preferências e tradições de cada enlutado individual são respeitadas" (Gamino; Ritter Jr., 2009, p. 19, nossa tradução). Isso implica que viver o rompimento de um vínculo importante é um processo subjetivo, com características particulares, apesar de todas as teorias que explicam etapas, fases, estilos e influências culturais.

Além da responsabilidade pessoal e profissional e do compromisso ético, os autores abordam a responsabilidade ética para além da experiência pessoal e destacam que o comportamento individual dos profissionais pode impactar na forma como toda uma comunidade é vista e compreendida. Quando um cliente ou paciente é atendido por um terapeuta cujas ações colocam em cheque os princípios éticos, o grupo profissional como um todo pode passar a ser objeto de dúvida e desconfiança. A construção de uma reputação de segurança passa pelos princípios éticos individuais e vai se construindo ao longo do tempo. Terapeutas não representam apenas a si mesmos, representam toda uma categoria de profissionais (Gamino; Ritter Jr., 2009).

A discussão sobre ética também é essencial na área da arteterapia. Em 2019, 50 arteterapeutas de 20 países, não incluindo o Brasil, contribuíram para a publicação *Exploring ethical dilemmas in art therapy*, editada por Audrey Di Maria e prefaciada por Judith A. Rubin, que traz histórias e dilemas éticos vividos no contexto de atendimentos arteterapêuticos (Di Maria, 2019).

Di Maria inicia a publicação apresentando fatores que influenciam os processos de escolha e tomada de decisões ética, por meio da utilização de um esquema gráfico que não reflete uma sequência de etapas, mas uma mandala de elementos significativos cuja figura central é o cliente. O círculo externo foi deixado em branco justamente como um convite à reflexão contínua e pessoal que permita identificar fatores particulares de cada arteterapeuta que também podem influenciar nesse processo.

Figura 1 – Fatores que podem influenciar o processo de tomada de decisões éticas

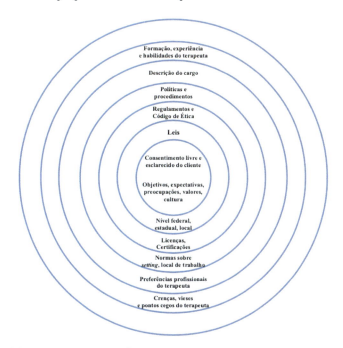

Fonte: Di Maria, 2019, p. 5-6, tradução nossa

> Dilemas éticos podem surgir facilmente quando há tensão ou conflito entre os anéis ou dentro dos anéis. Ainda mais importantes são os dilemas gerados pelo atrito entre os fatores r epresentados pelos círculos concêntricos e os direitos, preferências e necessidades do indivíduo que está no centro de nosso trabalho. (Di Maria, 2019, p. 5-6, tradução nossa).

Nesse sentido, Di Maria sugere a constante reflexão a partir de uma lista de perguntas provocativas, criadas por Michael Taleff, em 2010, para serem feitas frequentemente, a fim de checar possíveis pontos cegos do olhar ético do profissional (Di Maria, 2019). Tais perguntas estão relacionadas no Quadro 12.

Quadro 12 – Autoexame ético

Você pauta sua vida por um conjunto de padrões éticos (morais)?
• Se sim, você poderia relacioná-los facilmente, caso questionado, ou você encontraria dificuldades em encontrar uma resposta?

Você pauta sua vida por um conjunto de padrões éticos (morais)?
• Se você tem padrões, essencialmente quais são eles? (escreva uma lista)
• Você avalia diferentes situações éticas pelos mesmos padrões ou usa padrões diferentes para diferentes situações éticas?
• Caso você avalie diferentes situações por meio de diferentes padrões, quais as suas razões para assim proceder?
• Há ocasiões em que você deixa de atender aos seus padrões? Se sim, quais as circunstâncias particulares que usualmente, ou na maioria das vezes, levam você a se desviar desses padrões?
• Você julga os demais com base em um conjunto de padrões e suas próprias ações por um conjunto diferente?
• Se sim, você se lembra da última vez em que assim procedeu e o que foi objeto de sua avaliação?

Fonte: Di Maria (2019, p. 7, tradução nossa)

Ao final da contextualização inicial sobre o tema do livro, a autora convida o leitor a refletir sobre um trecho do código de ética, conduta e procedimentos disciplinares do Art Therapy Credential Board (ATCB[7]), de 2018.

> Os arteterapeutas não discriminarão ou recusarão serviços profissionais a indivíduos ou grupos com base na idade, identidade de gênero, expressão de gênero, orientação sexual, etnia, raça, nacionalidade, cultura, estado civil / sócio, cidadania ou estado de imigração, habilidade, religião / espiritualidade ou qualquer outro preconceito. (ATCB Code of ethics, conduct, and disciplinary procedures, standard 1.1.2, 2018 *apud* Di Maria, 2019, p. 7, tradução nossa).

Destaca, ainda, a importância da constante atenção à discussão no que se refere a "qualquer outro preconceito". Tal expressão não permite que se encerre a definição de aspectos já identificados como passíveis de preconceitos, mas possibilita a manutenção da postura alerta e investigativa de si mesmo, observando as próprias ações e os julgamentos para com o outro.

No prefácio, Judith A. Rubin, ex-presidente e membro honorário da American Art Therapy Association, destaca a importância de refletir e considerar alguns aspectos éticos específicos da área, que lida com muitas

---

[7] O Art Therapy Credential Board (ATCB) é uma organização norte-americana que se propõe a promover a prática ética e competente da arteterapia, por meio do credenciamento de arteterapeutas. Disponível em: https://www.atcb.org. Acesso em: 20 maio 2021.

situações que envolvem dilemas nos âmbitos público e pessoal. Alguns desses dilemas estão relacionados a tocar o outro, o que, ao mesmo tempo, é necessário com vistas a criar um ambiente íntimo de respeito e segurança.

No ambiente terapêutico, o processo de formação de vínculo pode ser arriscado e ultrapassar limites, porém uma arteterapeuta citada por Rubin desenvolveu a aproximação e a intimidade terapêutica necessária com seu cliente por meio de algumas atividades de desenho da face. Ao identificar certa resistência por parte do cliente, a arteterapeuta aceitou a condição de "não é necessário fazer nada" e se colocou a observar o rosto de seu cliente, traçando esboços no papel, compartilhando sua criação e apresentando detalhes, de modo a concretizar seu olhar para o cliente. Assim, o toque, a aproximação, foi sendo desenhada pelo olhar de ambos (Rubin, 2019).

Rubin destaca a importância não só de seguir as leis, mas de incorporar o espírito da lei. Ao escrever uma experiência e tornar pública a história de alguém, é necessário garantir que o cliente esteja de acordo. Não se trata apenas de assinar um termo de consentimento, mas de incluir o cliente na ação de colaborar com o desenvolvimento da área, de novos profissionais e de outras pessoas em sofrimento, a partir do compartilhamento de suas experiências, acrescentando, assim, mais um sentido e significado ao que viveu.

No caso da arteterapia, há também a exposição das imagens e das criações que retratam conteúdos íntimos do cliente. É essencial ter respeito por essas produções. Outros temas éticos referem-se à relação com crianças e adolescentes. Nesses casos, apesar de a responsabilidade legal estar apoiada na permissão e no consentimento dos pais, é essencial que a opinião e o consentimento dos menores sejam considerados. Da mesma forma, é fundamental assegurar-se sobre os conteúdos que cliente está confortável em compartilhar e se certificar de que a autorização abrange sua história, sua arte, as imagens do processo de criação etc. (Rubin, 2019).

A postura do profissional em relação ao conhecimento de si e de suas habilidades forma a base da reflexão ética: ter consciência do que não se sabe, buscar treinamento qualificado, além de constantes revisões e reciclagem certamente contribuem para a validação do compromisso ético com o cliente (Rubin, 2019).

No capítulo intitulado "How does a bereaved art therapist maintain boundaries with bereaved clients?", do livro organizado por Di Maria (2019), a pesquisadora norte-americana e arteterapeuta desde 1985, Sharon Strouse, aborda a relação estabelecida com um cliente que a procurou após ter tido contato com seu livro *Artful grief: a diary of healing*, publicado em 2013. O livro expõe reflexões e criações em colagem do processo pessoal de Strouse no caminho de elaboração do luto em decorrência do suicídio de sua filha de 17 anos ocorrido em 2001.

Naquele momento, a autora se viu diante da necessidade de rever e repensar sua identidade profissional, no sentido de que não seria mais possível manter a reserva de suas experiências pessoais, em contraposição a uma postura profissional fundada na psicanálise, que preconiza que as informações do analista devem ser mantidas fora do espaço terapêutico e o profissional deve ocupar o lugar de receptor das projeções de seus clientes. Tal vivência serviu de bagagem e de repertório adicional para compreender a dor do luto do outro com base em modelos psicodinâmicos contemporâneos em que o foco do processo terapêutico está na relação, sem que se percam os limites éticos do processo.

No início da carreira, a arteterapeuta contava com o ambiente protegido, estruturado, regulamentado e controlado da instituição psiquiátrica hospitalar onde realizava atendimentos com arteterapia. O processo de transição profissional envolveu oferecer o estúdio pessoal de trabalho na própria residência como um local seguro e privado para receber clientes.

Em 2019, Strouse compartilha, então, suas preocupações e suas reflexões acerca do impacto da publicação do seu livro, entendendo que os relatos ali expostos serviram de base para o processo clínico do cliente que a procurou e que se sentiu confortável em compartilhar os sentimentos, as emoções, sensações e memórias relacionados à morte recente do filho (Strouse, 2019).

Outro ponto abordado pela autora nesse capítulo trata da flexibilidade no que diz respeito à disponibilidade do atendimento. Algumas datas, eventos familiares e encontros com pessoas, que podem falar ou insinuar algo inadequado ao enlutado, tendem a servir de gatilho que acentua emoções e lembranças difíceis de lidar. É necessário que o arteterapeuta compreenda e identifique ajustes necessários a serem feitos, além de contar com flexibilidade para oferecer o cuidado adequado ao seu cliente.

A autora relata uma situação real vivida e nos convida a refletir sobre como seria a forma mais adequada de ação baseada nos princípios éticos da profissão. A situação relatada trata de um convite feito por uma cliente para um evento que aconteceria em sua residência, em memória do filho, na data em que se completaria um ano de sua morte. Strouse gentilmente recusou o convite e preservou a relação de cuidado à enlutada, com base no princípio "É responsabilidade profissional dos arteterapeutas evitar ambiguidade na relação terapêutica e manter clareza sobre os diferentes papéis terapêuticos que existem entre o cliente e o terapeuta"[8] (Strouse, 2019, p. 438).

Os autores citados são unânimes em apontar a importância da postura ética no trabalho do arteterapeuta, postura sem a qual a técnica perde relevância e efetividade. No trabalho com pessoas enlutadas, esse é um aspecto, se possível, ainda mais relevante, dada a delicada situação emocional que aqueles que perderam um ente querido podem estar experimentando.

> [...] para propor uma ação terapêutica específica à demanda, é necessário compreender a pluralidade dos afetados, as dimensões implicadas e as articulações sistêmicas que vão além de uma relação de causas e consequências. Incluo, ainda, três aspectos indispensáveis: ética, conhecimento teórico e autoconhecimento. (Franco, 2021, p. 115).

---

[8] Princípio 1.3 do *Ethical Principles for Art Therapists* – AATA (2017). Disponível em: https://arttherapy.org/wp-content/uploads/2017/06/Ethical-Principles-for-Art-Therapists.pdf. Acesso em: 20 maio 2021.

6

PERCURSOS DA PESQUISA

O método escolhido para a realização desta investigação foi a Revisão Integrativa, pois "proporciona a síntese de conhecimento e a incorporação da aplicabilidade de resultados de estudos significativos na prática" (Souza; Silva; Carvalho, 2010, p. 102). A metodologia prevê etapas claras de execução, que permitem que a pesquisa seja replicada para conferência dos dados e atualizada, no decorrer do tempo, com base nos mesmos critérios, além de ser "uma ferramenta ímpar no campo da saúde, pois sintetiza as pesquisas disponíveis sobre determinada temática e direciona a prática fundamentando-se em conhecimento científico" (Souza; Silva; Carvalho, 2010, p. 102). A Revisão Integrativa assegura uma prática assistencial embasada em evidências científicas, o que garante a confiabilidade e o rigor na execução da investigação.

O objetivo principal foi identificar artigos publicados no período de janeiro de 2016 a dezembro de 2020 que abordaram o uso da arteterapia no acolhimento ao enlutado e, a partir daí, identificar características do trabalho de arteterapia com enlutados e da relação do processo de arteterapia com o processo de luto, além de significados e reflexões atribuídos pelos pesquisadores à vivência da arteterapia e ao luto.

Foram encontrados 323 itens. A aplicação de filtros de exclusão considerando idiomas diferentes de português, inglês e espanhol, além da análise do conteúdo presente no título, resumo e dados de publicação, resultaram em 28 publicações, todas contendo as palavras "luto", "enlutad*", "*grief*", "*griev**", "*bereavement*", "*bereaved*", "*mourning*" e "*mourn**" no título.

Nova seleção foi feita entre os estudos identificados, dessa vez com foco na presença da arteterapia e suas variantes, técnicas artísticas ou relevância subjetiva do ponto de vista da pesquisadora, levando em conta o título e o resumo ou *abstract*. Entre os itens eliminados estavam estudos que não tratavam de luto por morte, que não envolviam técnicas de arteterapia e/ou que estavam em duplicidade. Desse modo, foram selecionadas 11 referências para a realização deste estudo, relacionadas no Quadro 14.

Quadro 14 – Referências do estudo

Ano de publicação	Título	Autor(es)
2020	(A1) Navigating loss through creativity: influences of **bereavement** on creativity and professional practice in **art therapy**.	ARNOLD, R.
2020	(A2) **Prolonged grief** disorder and positive affect improved by **chinese brush painting** group in bereaved parents: a pilot study.	XIU, D. et al.
2019	(A3) **Art therapist's perceptions** of the role of the art medium in the treatment of **bereaved clients** in **art therapy**.	BAT-OR, M.; GARTI, D.
2019	(A4) Subjective experience of **art therapists** in the treatment of **bereaved** clients.	GARTI, D.; BAT-OR, M.
2018	(A5) A review of "**complicated grief**, attachment, & **art therapy**: theory, treatment, and 14 ready-to-use protocols".	MANN, M. M.
2018	(A6) The therapeutic effectiveness of using **visual art modalities** with the **bereaved**: a systematic review.	WEISKITTLE R. E.; GRAMLING, S. E.
2016	(A7) Improving the short-term affect of **grieving children through art**.	HILL, K. E.; LINEWEAVER, T. T.
2016	(A8) **Scrapbooking** as an intervention to enhance coping in individuals experiencing **grief and loss**.	KING, J. et al.
2016	(A9) Shadow into light: a Bristol-**based arts project** for **bereavement**.	GLOVER, E. et al.
2016	(A10) Singing an imaginal dialogue: a qualitative examination of a **bereavement intervention with creative arts therapists**.	ILIYA, Y. A.; HARRIS, B. T.
2016	(A11) Using the **creative therapies** to cope with **grief** and loss.	BROOKE, S. L.; MIRAGLIA, D. A. (ed.)

Fonte: elaborado pela autoras

    Constam da seção Referências Bibliográficas do Estudo as referências completas dos artigos internacionais que foram analisados nesta revisão. Os detalhes desses estudos estão contemplados nos anexos A a D.

A partir da leitura de cada material selecionado, foi aplicada nova classificação, utilizando-se a estratégia PICOT (Quadro 15) para elaboração do modelo de investigação e levantamento de informações contidas no material compilado de modo a, em seguida, iniciar a análise.

Quadro 15 – **Análise** PICOT

P	População	Quem foi estudado?	Enlutados
I	Intervenção ou indicador	O que foi feito?	Intervenção com arteterapia
C	Contexto do estudo	Comparação entre resultados	Identificar intervenções/técnicas utilizadas
O	Resultados	Quais foram os resultados ou efeitos?	Identificar resultados pós-intervenção
T	Tempo	Qual foi a duração da coleta de dados?	Identificar tempo da intervenção

Fonte: Stillwell *et al.* (2010, p. 60 *apud* Anima Educação, 2014, p. 14)

Por fim, foi definida a análise temática como base de orientação para compreender o conteúdo selecionado, pois esse é um "um método útil e flexível para a pesquisa qualitativa em psicologia e em outros campos de estudo" (Braun; Clarke, 2006, p. 2, tradução nossa).

RESULTADOS

Com base na leitura dos artigos e na compreensão das estruturas metodológicas de cada publicação foi possível identificar similaridades e diferenças que permitiram a categorização do material para, em seguida, ser realizada a análise PICOT. Foram identificados quatro grupos conforme a característica principal das publicações (Quadro 16).

Quadro 16 – Classificação em grupos

Ano de publicação	Título	Autor(es)
\multicolumn{3}{c}{Grupo I - Arteterapeuta como participante}
2020	(A1) Navigating loss through creativity: influences of bereavement on creativity and professional practice in art therapy.	ARNOLD, R.
2019	(A3) Art therapist's perceptions of the role of the art medium in the treatment of bereaved clients in art therapy.	BAT-OR, M.; GARTI, D.
2019	(A4) Subjective experience of art therapists in the treatment of bereaved clients.	GARTI, D.; BAT-OR, M.
2016	(A10) Singing an imaginal dialogue: a qualitative examination of a bereavement intervention with creative arts therapists.	ILIYA, Y. A.; HARRIS, B. T.
\multicolumn{3}{c}{Grupo II - Intervenção com enlutados}
2020	(A2) Prolonged grief disorder and positive affect improved by chinese brush painting group in bereaved parents: a pilot study.	XIU, D. *et al.*
2016	(A7) Improving the short-term affect of grieving children through art.	HILL, K. E.; LINEWEAVER, T. T.
2016	(A9) Shadow into light: a Bristol-based arts project for bereavement.	GLOVER, E. *et al.*

	Grupo III - Revisões	
2018	(A6) The therapeutic effectiveness of using visual art modalities with the bereaved: a systematic review.	WEISKITTLE R. E. ; GRAMLING, S. E.
2016	(A8) Scrapbooking as an intervention to enhance coping in individuals experiencing grief and loss.	KING, J. *et al.*
	Grupo IV - Resenhas de livro – Intervenção com enlutados	
2018	(A5) A review of "complicated grief, attachment, & art therapy: theory, treatment, and 14 ready-to-use protocols".	MANN, M. M.
2016	(A11) Using the creative therapies to cope with grief and loss.	BROOKE, S. L.; MIRAGLIA, D. A. (ed.).

Fonte: elaborado pelas autoras

A partir dessa compreensão panorâmica foi possível aplicar um segundo filtro, selecionando materiais passíveis de análise PICOT e aqueles não compatíveis com esse tipo de análise. Foram, então, selecionados os artigos a compor os Grupos I e II para a compreensão detalhada no que diz respeito às características dos participantes, modo de intervenção, contexto do estudo, resultados e tempo da intervenção.

Os artigos do Grupo III e IV apresentaram similares quanto à comunicação do conteúdo ao leitor. São artigos de revisão e resenhas que não têm informações com o nível de detalhamento ideal para serem classificados no modelo PICOT. Ainda assim, por tratarem de conteúdo relevante para a compreensão do tema "arteterapia e luto", foram considerados na análise e na discussão desta pesquisa.

7.1 GRUPO I – ARTETERAPEUTAS COMO PARTICIPANTES

(A1) ARNOLD, R. (2020). *Navigating loss through creativity: influences of bereavement on creativity and professional practice in art therapy*

Quadro 17 – Análise PICOT A1

P - População	Três arteterapeutas com (a) pelo menos um ano de atuação na área; (b) sem experiência de perda nos últimos dois anos; (c) processo de criação artística logo após a morte do ente querido; (d) interesse em participar da pesquisa. • Participante 1: mulher, 60 anos, perdeu a mãe por câncer. Foi a principal cuidadora da mãe no processo de adoecimento. • Participante 2: mulher, 20 anos, perdeu o pai de 52 anos por doença. • Participante 3: mulher, 50 anos, perdeu o pai.
I - Intervenção ou indicador	Coleta de fotografias e imagens das criações. • Participante 1: criou seres tridimensionais. • Participante 2: exploração de materiais. • Participante 3: criou livros com os desenhos do pai e itens da casa de infância.
C - Contexto do estudo	Não aplicável, uma vez que o estudo foi feito a partir de entrevistas e fotografias das criações espontâneas feitas pelas participantes. Não houve estímulo à criação.

O - Resultados	• Arteterapeutas não estão imunes à interferência das próprias experiências em seu trabalho, o que aponta para reflexões sobre conduta ética e tomada de decisões em dilemas éticos.
	• Possibilidade de:
	  • O processo artístico acompanhar as variações do processo de luto, sem a intenção de chegar a um ponto específico, questionando-se as percepções de um processo linear.
	  • Adaptações e transformações.
	  • Lidar com o processo além de examinar a própria resiliência.
	  • Maior clareza sobre o vivido.
	  • Reflexão e compreensão de si individualmente e na relação com o outro, incluindo o falecido.
	  • Compreensão de que o processo de luto pode ser um estímulo para a ação criativa em diversas formas.
	  • Exploração dos sentidos do corpo e autoconhecimento por essa via.
	• As participantes se expressaram a respeito do intenso processo criativo nessa experiência:
	  • Participante 1: considerou que a intimidade da relação no momento do adoecimento estimulou sua criatividade; criou seres tridimensionais que estão em constante mudança e transformação.
	  • Participante 2: considerou que não fez criações diretamente relacionadas à morte do pai, mas se engajou com os materiais no processo de luto.
	  • Participante 3: considerou aquele um momento de reunir memórias da relação e criou livros com os desenhos do pai e itens da casa de infância.

T - Tempo	Entrevista semiestruturada de 40 a 45 minutos com nove questões abertas abordando: • - explicação introdutória; • - esclarecimento; • - visão geral da prática do participante; • - compartilhamento da experiência de perda; • - revisão da atividade artística durante o processo de luto.

Fonte: elaborado pelas autoras

(A3) BAT-OR, M.; GARTI, D. (2019). *Art therapist's perceptions of the role of the art medium in the treatment of bereaved clients in art therapy*; (A4) GARTI, D.; BAT-OR, M. (2019). *Subjective experience of art therapists in the treatment of bereaved clients.*

Quadro 18 – Análise PICOT A3 & A4

P - População	• Oito arteterapeutas israelenses (sete mulheres e um homem), entre 62 e 70 anos de idade; entre 10 e 40 anos de experiência em arteterapia; especialistas em perdas e traumas. • Dentre os participantes, sete trabalhavam ou haviam trabalhado para o Ministério da Defesa de Israel, que emprega psicoterapeutas para tratar familiares de soldados mortos. • Todos os terapeutas também atuavam em consultórios particulares, onde foram realizadas as entrevistas.
I - Intervenção ou indicador	• Pensar e se concentrar em seu trabalho com clientes enlutados. • Criar uma imagem que representasse suas percepções sobre o papel da arte na arteterapia com clientes enlutados, usando 24 gizes a óleo e uma folha de papel de 17,5 x 25 cm. • Entrevista aberta conduzida, na qual os terapeutas foram solicitados a observar a imagem e descrever o que viam, explorando os pensamentos e as emoções que surgiram após a realização da arte. • Entrevista semiestruturada com foco nas percepções do terapeuta sobre o papel do meio artístico com clientes enlutados, e em suas experiências subjetivas durante esses tratamentos.
C - Contexto do estudo	• Criar uma imagem que representasse suas percepções sobre o papel da arte na arteterapia com clientes enlutados, usando 24 gizes a óleo e uma folha de papel de 17,5x 25 cm. • Os desenhos foram analisados usando-se as interpretações dos participantes de suas obras de arte e a análise dos pesquisadores, dentro do contexto dos dados gerais e do arcabouço teórico. • Análise temática para identificar, analisar e relatar padrões em todo o corpo de dados visuais e verbais. • Identificação dos temas no nível semântico (ou seja, dentro dos significados explícitos dos dados), descrição e interpretação com o objetivo de teorizar e construir um modelo incorporando os temas e seus significados e implicações mais amplos. • Interpretação inspirada na abordagem hermenêutica, com investigação do significado dos dados, que envolveu o estudo das partes em relação ao todo e vice-versa, ao mesmo tempo em que se baseou na afirmação de que toda experiência é contextual na natureza. • A análise temática constou de seis fases: a) familiarização com os dados (leitura repetida e observação das obras de forma ativa – em busca de significados, padrões e relações entre as expressões verbais e visuais);

C - **Contexto do estudo**	b) produção de códigos iniciais para os dados; c) classificação dos códigos em temas potenciais; d) revisão dos temas, identificando sua coerência de sentido e diferenciação; e) definição, nomeação e escrita da análise detalhada para cada tema e subtema, e descrição de como cada tema se relaciona entre si e com o objetivo da pesquisa; f) redação da análise temática.
O - **Resultados**	Três temas centrais: A. Percepções dos participantes do ambiente artístico como um espaço para o trabalho de luto do cliente: • possibilidade de o cliente enlutado expressar emoções intensas e experiências não verbais sobre sua perda; • o meio artístico facilitou ou desencadeou a lembrança do falecido; • o meio artístico possibilitou oscilações entre destruição e reconstrução de narrativas. A reconstrução como expressão também pode ser levada para fora da terapia quando o cliente abraça a possibilidade de criar algo novo em seu cotidiano. B. Percepção da obra de arte do cliente como um canal de comunicação que impacta a experiência do arteterapeuta e a relação terapêutica: • expressões não verbais do cliente enlutado também funcionam como mensagens para o arteterapeuta; • o tratamento de clientes enlutados desencadeou nos profissionais afetos dolorosos; • testemunhar, especialmente emoções cruas e dolorosas, é uma forma de vivenciar um relacionamento íntimo e próximo; • quando um cliente enlutado reproduz sua experiência subjetiva com o falecido por meio da arte, o conhecimento de que essa obra de arte continuará a existir o ajuda a se desapegar. C. Percepção da obra de arte como um espaço compartilhado em que o cliente e o arteterapeuta criam uma nova narrativa: • arteterapeuta ativo nas tarefas de lembrar e reconstruir a narrativa do cliente enlutado. Essas três funções enfatizam as relações triangulares da arteterapia, que é composta por três eixos: cliente-arte; cliente-terapeuta; terapeuta-arte.

T - Tempo	• Encontros com duração média de uma hora e quarenta e três minutos (intervalo de tempo de cerca de uma a duas horas e meia). • O processo de desenho variou de quatro a vinte e dois minutos e, em média, durou treze minutos.

Fonte: elaborado pelas autoras

(A10) ILIYA, Y. A.; HARRIS, B. T. (2016). *Singing an imaginal dialogue: a qualitative examination of a bereavement intervention with creative arts therapists.*

Quadro 19 – Análise PICOT A10

P - População	Nove terapeutas de artes criativas (música, dança movimento, drama, arte, poesia e terapeutas expressivos), da região metropolitana de Nova York; com um mínimo de três anos de experiência clínica; que, mais de um ano antes do estudo, haviam perdido, em razão de falecimento, uma pessoa próxima (amigo ou parente) que amavam muito; passavam por tratamento psicoterápico contínuo. Ênfase especial foi dada em recrutar indivíduos que fossem do sexo masculino e/ou que se identificasse como minoria, fora da cultura dominante. Assim, cinco dos participantes se identificaram como minoria cultural ou étnica. Como a análise de dados estava em andamento, os participantes foram recrutados até ser atingida a saturação dos dados.
I - Intervenção ou indicador	I. Sessão única e individual de musicoterapia com um musicoterapeuta, não pesquisador. Na sessão, os participantes receberam primeiro uma visão geral da sessão, que foi dividida em três partes: a) discutir verbalmente a perda, familiarizar-se com o terapeuta e o espaço e utilizar aquecimento vocal e exercícios de aterramento; b) cantar um diálogo imaginal para o ente querido falecido, imaginando que a pessoa poderia ouvi-lo; c) exercícios de aterramento, processando verbalmente a intervenção e alcançando uma sensação de encerramento em relação à sessão. II. Preenchimento de um questionário. III. Entrevista pela pesquisadora sobre sua experiência. A análise se deu de acordo com os seguintes procedimentos: a) as transcrições das entrevistas e os questionários foram lidos com vistas a se obter uma noção geral do fenômeno. Memorandos e uma lista inicial de ideias sobre os dados foram anotados.

I - Intervenção ou indicador	b) o texto foi, então, codificado indutivamente por meio da seleção de afirmações, frases e/ou sentenças significativas; c) os códigos e os respectivos textos foram analisados ciclicamente e agrupados para criar categorias; d) categorias semelhantes e respectivos textos e códigos foram ciclicamente analisados e agrupados. Temas abrangentes foram criados para essas categorias e subtemas foram criados dentro de cada tema. e) os temas e os subtemas foram revisados, refinados, renomeados e reagrupados várias vezes para formar o máximo possível um padrão coerente e fornecer uma visão holística dos dados; f) declarações para esclarecer cada tema foram escritas e refinadas para gerar definições claras; g) dados brutos que exemplificam vividamente os temas foram extraídos das transcrições; h) a análise e os resultados foram escritos para "contar a história complicada" dos dados e fornecer um relato complexo das experiências dos participantes.
C - Contexto do estudo	• A intervenção de musicoterapia utilizada nesse estudo foi uma adaptação do diálogo imaginal proposto por Shear *et al.* (2005 *apud* Iliya; Harris, 2016) e foi fortemente influenciada pelo método de psicoterapia vocal de Austin (2008 *apud* Iliya; Harris, 2016). • Os participantes foram conduzidos a cantar para a pessoa falecida enquanto eram apoiados por uma estrutura harmônica de dois acordes no piano. Foram usados acordes e estrutura comumente ouvidos na música popular ocidental, já que essa familiaridade pode ter efeito reconfortante. Os participantes foram encorajados a vocalizar quaisquer sons, pensamentos e imagens que viessem à mente, e essas frases foram repetidas e cantadas com o terapeuta. • Enquanto os participantes cantavam, depararam-se com uma cadeira vazia que representava a pessoa falecida. • Após aproximadamente cinco minutos, os participantes foram convidados a trocar de cadeira e responder a si mesmos a partir do papel da pessoa falecida.
O - Resultados	• Desconforto decorrente da ansiedade de desempenho e sensação de vulnerabilidade. • Articularam contenção de sentimento, apoio e expressão emocional profunda. • Música e canto ajudaram os participantes a trocar desculpas, saudações, perguntas e respostas com seus entes queridos falecidos.

O - Resultados	• Música e canto permitiram que os participantes experimentassem uma sensação de fluxo que contornou a intelectualização e criava sentimentos de segurança e contenção.
	• A intervenção ajudou os participantes a acessar, expressar e tolerar o luto, o que eles consideraram útil no estabelecimento de um vínculo com o falecido.
	• Os participantes começaram a processar e a resolver seu luto, que foi identificado como uma parte importante do processo de luto.
	• A intervenção foi útil e eficaz, e os participantes tiveram insights e sentiram uma aceitação e uma compreensão mais profundas a respeito de sua perda.
	• A intervenção foi percebida como profundamente emocional, provocou grande tristeza e lágrimas, bem como outras emoções potencialmente desafiadoras, como desamparo.
	• Os participantes identificaram que a intervenção foi útil para a resolução do luto porque suscitou sentimentos mais profundos do que falar exclusivamente sobre ele.
	• As qualidades emocionalmente estimulantes da intervenção apoiam a literatura de referência sobre diálogos imaginários.
	A análise se deu com base no arcabouço teórico da epistemologia construtivista e foi realizada à medida que a pesquisa transcorria para determinar a saturação dos dados.
	A análise temática revelou cinco temas:
	  (a) elicitação de profunda expressão emocional;
	  (b) desconforto, nervosismo e ansiedade;
	  (c) contenção e suporte;
	  (d) conexões emocional e espiritual com o falecido;
	  (e) oportunidade útil para resolução do luto.

T - Tempo	• Sessão única do estudo. • Imediatamente após a sessão, os participantes também preencheram um questionário aberto sobre sua experiência e o enviaram diretamente ao pesquisador em um envelope pré-selado e endereçado. • Três dias após a sessão, os participantes foram entrevistados pelo pesquisador sobre suas experiências, por meio de entrevistas telefônicas abertas e semiestruturadas. • Após a sessão e a entrevista, o pesquisador contatou os participantes uma vez por semana por e-mail, durante quatro semanas consecutivas, para verificar novamente os participantes e, potencialmente, fornecer suporte terapêutico adicional.

Fonte: elaborado pelas autoras

7.2 GRUPO II – INTERVENÇÕES COM ENLUTADOS

(A2) XIU, D. et al. (2020). *Prolonged grief disorder and positive affect improved by chinese brush painting group in bereaved parents: a pilot study.*

Quadro 20 – Análise PICOT A2

P - População	Grupo cujos participantes receberam curso de artes: 26 pais chineses recrutados inicialmente, pelo serviço social em uma comunidade do distrito oeste de Pequim. A maioria contava com mais de 49 anos de idade e todos haviam perdido o único filho. O grupo teve oito *drop-outs*: • Um participante recusou mais participação, pois não desejava discutir suas experiências de luto. • Duas pessoas desistiram (uma apresentou doença cardíaca e sentiu-se incapaz de continuar a participar; o outro afirmou não gostar do grupo e se sentir incomodado com os demais participantes). • Três participantes que compareceram a menos de 60% das sessões e dois participantes para os quais havia dados de linha de base ausentes não foram incluídos na análise subsequente. Desse modo, 18 participantes foram incluídos na análise do grupo de prática artística. Dentre eles, 15 mulheres na faixa etária entre 53,6 e 77,5 anos, cujos filhos haviam morrido no período de 1,7 a 29,2 anos anteriores à pesquisa (idade do óbito: entre 0,23 e 49,8 anos). As causas da morte foram: doença (12); acidentes de origem humana (3); acidente natural (1); suicídio (1) e homicídio (1). Grupo cujos participantes não receberam apoio com artes: 10 pais constituíram o grupo controle, que recebeu suporte sem o emprego das artes. O grupo manteve número reduzido de participantes, a despeito das tentativas para ampliá-lo. O grupo teve dois *drop-outs*. Dentre os participantes havia três mulheres na faixa etária entre 50,7 e 70,9 anos, cujos filhos haviam morrido no período de 0,8 e 28,3 anos anteriores à pesquisa (idade do óbito: entre 0,02 e 35,32 anos). As causas da morte: doenças (3); acidentes de origem humana (3); acidente natural (1) e suicídio (1).
I - Intervenção ou indicador	• Participantes em ambos os grupos completaram questionários no início do estudo e, novamente, seis meses após a intervenção. • Os questionários incluíram informações demográficas (no início do estudo), a Escala de Luto Prolongado (PG-13) de Prigerson e Maciejewski (2007 *apud* XIU *et al.*, 2020) e o Programa de Afeto Positivo e Negativo de Watson, Clark e Tellegen (1988 *apud* XIU *et al.*, 2020).

I - Intervenção ou indicador	• Os participantes do grupo de prática artística participaram de uma entrevista semiestruturada, explorando suas experiências e sentimentos em relação ao curso. • Os participantes do grupo controle receberam cuidados como visitas domiciliares, contatos telefônicos mensais, apoio a questões financeiras ou legais etc., e não participaram de atividades artísticas.
C - Contexto do estudo	• A intervenção teve duração de seis meses, consistindo de curso de pintura chinesa com pincel, que abrangeu 20 sessões semanais de duas horas. • O curso foi conduzido por um professor com mais de 30 anos de experiência didática, mas sem treinamento médico ou psicológico. A montagem do plano de aula foi realizada em parceria com os autores da pesquisa. • O conteúdo do curso – pintura com temas de flores e pássaros – foi pensado em razão do significado simbólico cultural dos temas e não teve como foco o luto. Além disso, os participantes foram encorajados a pintar temas da vida cotidiana também em casa e mostrar suas pinturas. • Houve uma cerimônia de encerramento ao final.
O - Resultados	• Melhoria da regulação da emoção, melhora do humor positivo, sentimentos positivos, resultados positivos de saúde mental. • Os participantes responderam que as experiências de participação no curso os ajudaram a "desviar a atenção dos pensamentos sobre a criança falecida", "sentir paz ao desenhar", "experimentar sentimentos positivos no processo", "desenvolver mais interesses para observar as coisas do dia a dia vida" e "valorizar a beleza e a excelência". • Perceberam mais apoio social do curso e se sentiram gratos pelas "grandes preocupações e apoio do comitê de residentes", pela "dedicação dos voluntários" e por "ter um bom professor cheio de compaixão". • Em comparação com o grupo de controle, as experiências de pintura com pincel ofereceram um efeito protetor da exacerbação dos sintomas de luto prolongado após seis meses, principalmente por meio da melhora de alguns sintomas acessórios ao luto prolongado. • Reduções significativas foram particularmente evidentes em dois sintomas de luto que são relevantes para emoções e sentimentos positivos, a saber: "entorpecimento emocional devido à perda" e "sensação de que a vida é vazia ou sem sentido". • A pintura a pincel chinesa foi adotada com sucesso como uma modalidade de terapia de arte potencial, levando em consideração as circunstâncias pessoais e a origem cultural dos participantes.

T - Tempo	A intervenção teve duração de seis meses, constituindo-se de 20 aulas semanais, com duas horas de duração, de pintura chinesa com pincel.

Fonte: elaborado pelas autoras

(A7) HILL, K. E.; LINEWEAVER, T. T. (2016). *Improving the short-term affect of grieving children through art.*

Quadro 21 – Análise PICOT A7

P - População	• Cinquenta e quatro crianças com idades entre 6 e 13 anos, que participavam regularmente de grupos em um centro para crianças e famílias que viviam luto em Indianápolis, Indiana, Estados Unidos. A participação foi voluntária e um pequeno presente foi a única forma de compensação pela participação. • Os participantes foram estatisticamente homogêneos entre os grupos em termos de: idade (M 9,04, DP 1,95); idade na morte de um membro da família (MD 7,46, DP 2,22); membro da família que morreu (57,4% pai); tempo desde a morte em meses (MD 19,05, DP 15,59) e raça (64,8% brancos). • Todavia a distribuição dos participantes por gênero diferiu entre os grupos, principalmente devido ao grande número de meninos que completaram os quebra-cabeças de forma colaborativa.
I - Intervenção ou indicador O que foi feito? Método utilizado e indicadores	• A coleta de dados ocorreu em dois locais da Brooke's Place, organização local sem fins lucrativos que oferece grupos de apoio para crianças enlutadas. • As crianças permaneceram em seus grupos de apoio típicos, e esses grupos foram designados aleatoriamente para uma das quatro intervenções. • Cada intervenção envolveu participantes de 6 a 13 anos que vivenciaram a morte de um membro da família (pai ou irmão). • Dois dos grupos engajaram-se em produção artística individual ou coletiva. • Dois grupos de comparação em que as crianças completaram quebra-cabeças individualmente ou em colaboração, em vez de fazer arte. A atividade do quebra-cabeça foi projetada para envolver as crianças em uma tarefa visuoespacial envolvente e desafiadora, semelhante à criação de arte sem, todavia, o componente criativo ou expressivo.

I - Intervenção ou indicador O que foi feito? Método utilizado e indicadores	• A imagem de duas pessoas felizes foi criada especificamente para o estudo, usando a mesma mídia empregada pelos grupos de produção artística (aquarela e pastéis a óleo) para corresponder às instruções de arte fornecidas aos outros dois grupos • Os quebra-cabeças envolveram um conjunto com 252 peças para o grupo colaborativo e vários quebra-cabeças menores de 110 peças para as crianças que trabalharam individualmente • Os participantes de todos os quatro grupos preencheram uma forma modificada da versão infantil do Programa de Afetos Positivos e Negativos (Panas-C) (LAURENT *et al.* 1999, *apud* HILL; LINEWEAVER, 2016), uma medida do afeto atual, no início da sessão. • Foram modificados 30 itens da escala para incluir círculos sombreados que ilustram a força de cada emoção e redução do questionário para 14 itens removendo emoções repetidas. As modificações foram feitas para promover a compreensão da escala e a facilidade de uso. A escala modificada continha sete itens na subescala de afeto positivo (por exemplo, feliz, enérgico e alegre) e sete itens na subescala de afeto negativo (por exemplo, chateado, preocupado e com medo). Apesar da redução no número de itens em relação ao questionário original, a versão revisada do Panas-C mostrou-se altamente confiável, conforme determinado pelo cálculo do coeficiente alfa de Cronbach de consistência interna (subescala de afeto positivo: $\alpha = 0,833$; subescala de afeto negativo: $\alpha = 0,902$).) • Quando todos haviam completado o questionário, a atividade (criação de arte ou montagem do quebra-cabeças) transcorria durante 20 minutos, depois dos quais os participantes novamente completavam a forma modificada da versão infantil do Panas-C, com o objetivo de mensurar os efeitos positivos e negativos antes e depois da intervenção. • Ao final da intervenção foi entregue a cada criança uma bola de brinquedo com uma carinha sorridente como um agradecimento pelo tempo e pela participação, e as crianças foram conduzidas de volta aos facilitadores da Brooke's Place.

C - Contexto do estudo	• Grupos de produção artística.
	  • Materiais: tela, pastéis a óleo Pentel (36 cores) e tintas aquarelas Nijwe (18 cores).
	  • Produção individual: cada criança recebeu uma pequena tela pessoal para trabalhar, com a seguinte instrução: "Crie uma pessoa feliz. Você pode pensar no que uma pessoa feliz estaria fazendo, o que vestiria, onde estaria e com quem estaria. Você pode usar qualquer um desses materiais artísticos".

C - Contexto do estudo	• Produção compartilhada: os participantes, divididos em grupos de quatro ou cinco crianças. Cada grupo recebeu uma tela maior e a seguinte instrução: "Trabalhem juntos para criar uma pessoa feliz. Vocês podem pensar sobre o que uma pessoa feliz estaria fazendo...". • A atividade, de 20 minutos de duração, foi realizada com o mínimo de instrução. • Tanto os grupos de arte "individual" quanto os colaborativos completaram a atividade dentro do contexto de um grupo. A diferença entre essas duas intervenções era se as crianças eram livres para criar sua própria arte em uma tela individual ou se todas as crianças na sala eram solicitadas a trabalhar colaborativamente, compartilhando uma tela para a arte final.
O - Resultados	• Crianças que geraram arte individualmente demonstraram uma redução significativa do afeto negativo em resposta à intervenção, mas nenhuma mudança significativa no afeto positivo. • Nem o grupo de arte colaborativa nem qualquer um dos grupos de quebra-cabeças mostrou melhora significativa nos afetos entre os momentos pré e pós-intervenção. • Limitações do estudo: o estudo incluiu apenas 54 crianças, possivelmente limitando o poder estatístico para detectar melhorias significativas no afeto, particularmente em grupos com um número menor de participantes. As crianças que dele participaram foram recrutadas entre os membros ativos em um grupo de apoio, e eram acostumadas a dedicar tempo às atividades em grupo. • Médicos devem considerar a utilização de arte individual como uma técnica terapêutica em suas intervenções futuras com crianças enlutadas, particularmente se estiverem procurando uma maneira de diminuir o efeito negativo em curto prazo que pode ocorrer naturalmente em resposta à perda de um ente querido ou que pode surgir no curso de outras intervenções terapêuticas.
T - Tempo	Vinte minutos de intervenção.

Fonte: elaborado pelas autoras

(A9) GLOVER, E. et al. (2016). *Shadow into light: a Bristol-based arts project for bereavement.*

Quadro 22 – Análise PICOT A9

P - População	• Os participantes contavam, predominantemente, com mais de 50 anos, embora alguns fossem consideravelmente mais jovens. • Foram recrutados por meio de: (a) recomendações dos médicos da Bedminster Family Practice; (b) divulgação pela equipe da filial do Cruse Bereavement Care, em Bristol, àqueles que estavam aguardando atendimento de apoio ao luto; (c) anúncios na comunidade local e mais ampla de Bristol.
I - Intervenção ou indicador	• Shadow into Light (SIL), um projeto criativo e terapêutico, que envolve arte e escrita, visando oferecer apoio a pessoas enlutadas, em uma série de 10 sessões. • Entrevista antes do início do grupo, como oportunidade de detalhar a perda e discutir com os facilitadores sua prontidão para trabalhar em uma situação de grupo. • A Rayne Foundation, o Express Program da Quartet Community Foundation e o Gane Trust financiaram o projeto em conjunto. A Bedminster Family Practice ofereceu apoio ao disponibilizar sala de reuniões, financiar a divulgação e prestar o suporte administrativo. • As sessões foram projetadas para serem inclusivas e exploratórias, no que diz respeito à participação de escritores e artistas cujo trabalho foi considerado inspirador. • Uma artista e uma poetisa planejaram e cofacilitaram 10 workshops semanais de duas horas para 12 participantes. • Os participantes trabalharam juntos (1ª e 10ª sessões) e individualmente (sessões alternadas, 2ª a 9ª). • Durante cada sessão estava presente um conselheiro, que era voluntário e supervisor no Cruse Bereavement Care, e que recebeu treinamento prévio. Seu papel foi oferecer apoio imediato aos participantes que se sentissem emocionalmente sobrecarregados e discutir opções adicionais de apoio e aconselhamento, se desejado. • Um cronograma foi desenhado como uma jornada com começo, meio e fim, permitindo ressonância com a narrativa. • Cada sessão teve uma estrutura semelhante: trabalho individual, passando para o compartilhamento e incorporando uma pausa para interação informal. • Arte e poesia intercaladas, contendo temas compartilhados que refletem a jornada do herói (CAMPBELL, 1993 *apud* GLOVER *et al.*, 2016). • Artista, poeta e conselheiro trabalharam como uma equipe reflexiva, discutindo a jornada de cada participante e projetando cada sessão para atender às necessidades do grupo.

I - Intervenção ou indicador	• Trabalhar com temas amplos ajudou os participantes a responder espontaneamente ao grupo à medida que as sessões evoluíam. Foi tomado cuidado para apoiar os participantes na preparação para as pausas sazonais e para o final. • Integrar o conselheiro como um recurso permitiu que os participantes se concentrassem em seu trabalho criativo sem se sentirem emocionalmente responsáveis pelos demais participantes. • As diretrizes iniciais liberaram os participantes de comparar a necessidade ou a percepção de "qualidade" da produção, ajudando a criar uma atmosfera de igualdade entre adultos de diferentes origens educacionais e culturais, e de compartilhamento de exploração e expressão pessoal. • Criar textos e obras de arte e compartilhar, tanto em pequenos grupos mais íntimos quanto no grupo mais amplo, permitiu que os participantes se distanciassem de histórias dominantes sobre luto que "não representam suficientemente sua experiência vivida" (White; Epston, 1990, p. 40 *apud* Glover *et al.*, 2016, p. 10), e, por meio de reflexões e discussões provocadas pela escrita, compartilhar e conhecer as histórias menos dominantes e até então não conscientizadas sobre suas perdas. A universalidade compartilhada da perda, mesmo que não explicitamente declarada, ajudou a "normalizar" a dor do luto e a remover a sensação de isolamento. • Ao longo das oficinas, o poeta e o artista trabalharam com a metáfora e o símbolo, promovendo a catarse engendrada pela externalização e pela concretização das sensações internas. • Os participantes consideraram os pontos de vista como um tema e examinaram o mesmo tópico de vários ângulos. • As sessões de arte incentivaram o desenvolvimento de uma linguagem visual pessoal para usar "quando as palavras falham".
C - Contexto do estudo	• 1º dia: definição de "aliança de trabalho". As diretrizes do grupo foram escritas e aprovadas pelos participantes. • As ideias mais importantes incluíam: (a) não há hierarquia de luto; (b) as sessões não seriam sobre ser ou se tornar competente em arte ou poesia, mas sobre ter uma experiência calorosa e esclarecedora em grupo; (c) o que quer que fosse produzido seria bom o suficiente. • 2º a 10º dia: intervenções de escrita criativa destinadas a apoiar os participantes a encontrar palavras; os participantes foram apresentados a formas de nomear suas experiências e contar suas histórias. Foram desenvolvidas atividades que incluíam ler e escrever em resposta a poemas de outras pessoas.

O - Resultados	• Todos os participantes preencheram questionários de avaliação no final do curso de 10 semanas e sete foram entrevistados seis meses depois de modo a se obter um feedback adicional. • Cerca de 70% dos participantes tiveram uma pontuação de bem-estar mental melhorada e mais de 50% uma pontuação de luto inferior. • Inicialmente, tinha-se a expectativa de dar seguimento ao estudo por meio de uma pesquisa quantitativa mais robusta envolvendo um grupo controle de indivíduos que estavam em lista de espera para aconselhamento na filial de Bristol do Cruse Beravement Care. Todavia acompanhar o grupo controle mostrou-se problemático. Acreditamos, todavia, que com financiamento para mais suporte administrativo e a parceria contínua com a Cruse Beravement Care, isso poderia ser alcançado. Se um número maior de participantes e controles pudessem se envolver em um estudo futuro, o projeto poderia fornecer medidas quantitativas estatisticamente significativas dos efeitos do curso SIL no bem-estar mental dos participantes e na resolução do luto. • Cada curso teve como objetivo auxiliar na construção de um novo capítulo além do luto. Ao encontrar e trabalhar com um novo grupo de pessoas, compartilhando experiências comuns, ouvindo, vendo, aprendendo e confiando na própria escolha de cores e palavras, os participantes tiveram experiências totalmente novas e exercitaram habilidades até então desconsideradas. • A equipe testemunhou mudanças internas, ainda incipientes, evidentes nas palavras e nas imagens. • Cada curso também ofereceu novas ferramentas para a vida, incentivando os membros a dar seguimento ao que aprenderam, juntando-se a grupos de artes locais. • A diversidade do grupo acrescentou estímulo ao conjunto, com apoio mútuo e compreensão evidentes entre pessoas de diferentes idades ou situações. O fator comum da perda proporcionou um elo poderoso de empatia à medida que os participantes embarcavam em objetivos criativos compartilhados. • Comentários em questionários e entrevistas sugeriram que os objetivos e as metas do estudo foram alcançados. • Os grupos de luto tiveram uma compreensão entusiástica das atividades, demonstrando que havia uma necessidade percebida.
T - Tempo	10 workshops semanais de duas horas

Fonte: elaborado pelas autoras

8

ANÁLISE E DISCUSSÃO

8.1 GRUPO I – ARTETERAPEUTA COMO PARTICIPANTE

As publicações do Grupo I – Arteterapeuta como participante (Quadro 23) tratam do tema arteterapia e luto a partir da perspectiva do profissional arteterapeuta como participante na pesquisa. Nas publicações A1 (ARNOLD, 2020) e A10 (ILIYA; HARRIS, 2016), além dos participantes serem arteterapeutas, também viveram a perda de um ente querido e se apresentaram na pesquisa a partir da perspectiva dessa perda. Relataram sua experiência como ser criativo em contato com a arte, na ocasião da perda (Arnold, 2020) ou na ocasião de uma vivência artística proporcionada pela pesquisa (Iliya; Harris, 2016).

Quadro 23 – Grupo I – Arteterapeuta como participante

Ano de publicação	Título	Autor(es)
2020	(A1) Navigating loss through creativity: influences of **bereavement** on creativity and professional practice in **art therapy**.	ARNOLD, R.
2019	(A3) **Art therapist's perceptions** of the role of the art medium in the treatment of **bereaved clients** in **art therapy**.	BAT-OR, M.; GARTI, D.
2019	(A4) Subjective experience of **art therapists** in the treatment of **bereaved clients**.	GARTI, D.; BAT-OR, M.
2016	(A10) Singing an imaginal dialogue: a qualitative examination of a **bereavement intervention with creative arts therapists**.	ILIYA, Y. A.; HARRIS, B. T.

Fonte: elaborado pelas autoras

Arnold (2020) desenvolveu estudo piloto com três profissionais arteterapeutas norte-americanas com, pelo menos um ano de experiência na profissão. O critério de inclusão consistia em já ter perdido um ente querido desde que essa perda tivesse ocorrido havia mais de dois anos. Além disso, o arteterapeuta deveria relatar ter se dedicado a uma criação artística durante o processo de luto.

O objetivo do estudo foi explorar como a criatividade pode servir de caminho para navegar pelas experiências pessoais de perda. Por meio de entrevistas semiestruturadas, analisadas a partir do olhar qualitativo fenomenológico, foi possível identificar seis temas e 16 subtemas que permeavam a memória dessas vivências de um processo criativo conectado ao luto (Quadro 24). O estudo revelou que a criação arte visual pode ajudar arteterapeutas a desenvolver o autoconhecimento acerca das próprias experiências de perda e luto e, assim, aprimorar a competência em lidar com o cuidado terapêutico de outros.

Quadro 24 – A1 – Temas e subtemas

Temas	Subtemas
1. Equilíbrio entre experiência pessoal e prática profissional: dar lugar à expressão das próprias emoções para preservar a competência profissional no atendimento aos outros.	
2. Consciência do tempo: mais consciência do antes/depois, passado/futuro.	(A) Relacionada a eventos da morte. (B) Relacionada ao processo de luto.
3. Experiência da perda: presença acentuada das emoções e possibilidade de se conhecer em toda sua complexidade.	(A) Como um evento traumático. (B) Como um motivador. (C) Como um processo de transformação.
4. Criação artística como uma forma de estabilizar relações: sensação de alívio proporcionada pela arte diante da sensação de desconexão com parentes e amigos.	(A) Com os outros. (B) Consigo mesma. (C) Com o processo criativo.
5. Arte como uma prática intuitiva: oportunidade de perceber as próprias necessidades e proporcionar a si mesma o momento de interação com o material e a busca da experiência desejada; atividade de descarga somática ou de criação simbólica, por exemplo.	(A) Descarga somática. (B) Possibilidade de escolha do material.

6. Expressão criativa como forma de criar um memorial simbólico para o falecido: além da criação visual, as participantes relataram que também usaram da música e da escrita.	(A) Pintura.
	(B) Criação de um álbum.
	(C) Encontro de objetos significativos.
	(D) Música.
	(E) Escrita.
	(F) Outros materiais.

Fonte: Arnold (2020, p. 9, tradução nossa)

Iliya e Harris (2016) também utilizaram o método qualitativo para compreender a experiência de terapeutas das artes criativas que cantaram um diálogo imaginal com um ente querido falecido. A amostra consistiu em nove terapeutas de artes criativas com um mínimo de três anos de experiência clínica. A participação envolveu uma sessão de musicoterapia com uma musicoterapeuta, que não eram as pesquisadoras. Após a sessão, os participantes preencheram um questionário e foram entrevistados sobre sua experiência. A questão norteadora foi: quais são as experiências dos terapeutas das artes criativas ao cantar um diálogo imaginal com um ente querido falecido? Os dados foram submetidos a uma análise temática indutiva, que permitiu a identificação dos cinco temas e 19 subtemas que permearam essa vivência com o processo de luto (Quadro 25).

De acordo com os autores, o diálogo imaginal tem sido uma técnica gestáltica amplamente utilizada no cuidado a enlutados, e o emprego dessa técnica associada ao canto levou a que a intervenção fosse realmente percebida como profundamente emocional. Os participantes identificaram que a intervenção foi útil no trabalho para a resolução do luto porque suscitou sentimentos mais profundos do que apenas falar. Os participantes sentiram uma sensação de encerramento ao cantar a despedida e experimentaram maior aceitação e maior percepção sobre a perda e o impacto dela em suas vidas. Também descreveram mudanças de comportamento, como limpar o quarto da pessoa falecida, o que eles sentiram indicar uma sensação de resolução de luto (Iliya; Harris, 2016).

Quadro 25 – A10 – Temas e subtemas

Temas	Subtemas
1. Promoção de expressão emocional profunda.	Lágrimas, tristeza e felicidade.
	Música facilitou o acesso às emoções
	Surpresa ao emergirem emoções "inconscientes".

Temas	Subtemas
2. Desconforto, nervosismo e ansiedade.	Ansiedade de performance. Nervosismo e vulnerabilidade generalizada.
3. Contenção e suporte.	Intensidade da experiência. Conhecimento da estrutura da sessão. Presença terapêutica. Música como contenção. Exercícios de aterramento.
4. Conexões emocional e espiritual com o falecido.	Saudações cantadas. Sensação de presença do falecido. Sensação profunda de conexão.
5. Oportunidade útil para resolução do luto.	Troca de desculpas e perdão. Troca de perguntas e respostas. Cantar a despedida. Maior aceitação e compreensão. Mudanças observáveis em sentimentos e comportamentos. A intervenção ajudou e se mostrou efetiva.

Fonte: Iliya e Harris (2016, p. 265-257, tradução nossa)

As publicações A3 e A4 (Bart-Or; Garti, 2019; Garti; Bart-Or, 2019) partem de um mesmo estudo exploratório inicial, cujo objetivo foi examinar como arteterapeutas percebem o papel da arte no cuidado a enlutados, examinando as expressões artísticas desses profissionais quando convidados a lembrar de processos arteterapêuticos que conduziram com pessoas enlutadas ao longo de sua vida profissional. Foram selecionados oito arteterapeutas israelenses para refletir sobre esse assunto, por meio de desenhos e entrevistas.

Os participantes se descreveram como especializados em perdas e traumas e tinham entre 10 e 40 anos de experiência em arteterapia. Sete participantes trabalhavam ou haviam trabalhado com o Ministério da Defesa de Israel, que emprega psicoterapeutas para tratar familiares de soldados mortos. Todos os terapeutas também possuíam consultórios particulares. Esse estudo utilizou o método de amostragem deliberada, o que significa que os candidatos escolhidos foram os melhores representantes da experiência e do fenômeno objeto de pesquisa.

A análise qualitativa identificou três papéis principais para a conexão do processo criativo com o processo de luto:

1. espaço para o trabalho de luto do cliente;
2. canal de comunicação que impacta a experiência do arteterapeuta e a relação terapêutica;
3. espaço compartilhado, em que cliente e terapeuta criam uma nova narrativa.

A discussão trata dos achados e de suas implicações clínicas, identificando os processos terapêuticos centrais envolvidos na arteterapia com clientes enlutados. Uma das compreensões identificadas no trabalho de arte com enlutados apoia-se em três eixos, como apresentado na Figura 2.

Figura 2 – Percepção do terapeuta referente ao processo terapêutico ao longo de polos opostos

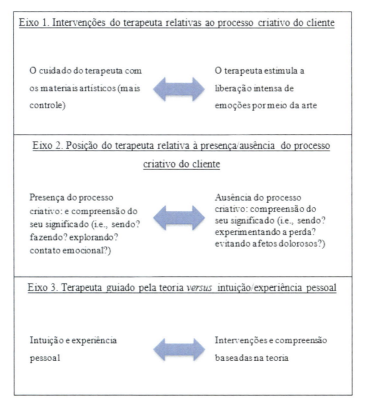

Fonte: Bart-Or e Garti (2019, p. 70, tradução nossa)

Uma das premissas básicas do trabalho do arteterapeuta é ter passado pela experiência da técnica antes de sugerir ou acompanhar seu cliente em uma determinada atividade. Esse grupo de publicações nos convida a refletir sobre a importância do trabalho de autoconhecimento do profissional também em relação às próprias vivências de luto, dor e pesar pela perda, sejam elas referentes à perda de um ente querido (Arnold, 2020; Iliya; Harris, 2016) ou a sentimentos de perda decorrentes do acompanhamento da dor do outro, ou mesmo a sentimentos instalados em determinada cultura, relativos a perdas coletivas (Bart-Or; Garti, 2019).

> Se o autoconhecimento em relação à morte e ao luto não for desenvolvido, esse profissional poderá recorrer a uma atuação que beire o lugar-comum, apoiando-se em proposições assemelhadas à autoajuda e, em consequência, deturpando o que a psicologia oferece fundamentada na ciência. (Franco, 2021, p. 11).

Conhecer a teoria e a prática da atividade artística, buscar formações de qualidade, estar atualizado sobre discussões científicas, assim como conhecer a si próprio diante do tema trazido pelo cliente é um dos pilares do trabalho ético do arteterapeuta. Principalmente quando é oferecido cuidado a enlutados, ter familiaridade do próprio estilo de apego e da própria relação com a morte é fundamental.

8.2 GRUPO II – INTERVENÇÕES COM ENLUTADOS

Nos três artigos, A2, A7 e A9, os pesquisadores Xiu *et al.* (2020), Hill e Lineweaver (2016) e Glover *et al.* (2016) investigaram a utilização de atividades artísticas em intervenções com enlutados. As avaliações envolveram a comparação de: resultados identificados a partir de indicadores coletados por meio de instrumentos aplicados pré e pós-intervenção (XIU *et al.* 2020); resultados obtidos por grupos que participaram e que não participaram de intervenções artísticas (Hill; Lineweaver, 2016); resultados históricos de grupos anteriores sujeitos ao mesmo protocolo de intervenção (Glover *et al.*, 2016).

Quadro 26 – Grupo II – Intervenções com enlutados

Ano de publicação	Título	Autor(es)
2020	(A2) **Prolonged grief** disorder and positive affect improved by **chinese brush painting** group in bereaved parents: a pilot study.	XIU, D. *et al.*
2016	(A7) Improving the short-term affect of **grieving children through art**.	HILL, K. E.; LINEWEAVER, T. T.
2016	(A9) Shadow into light: a Bristol-based **arts project** for **bereavement**.	GLOVER, E. *et al.*

Fonte: elaborado pelas autoras

Xiu *et al.* (2020), em estudo que se passa na China, abordam a importância da sensibilidade cultural ao propor uma intervenção artística com enlutados. O estudo piloto investigou a utilização das artes tradicionais chinesas de pintura. Para tal intervenção foram selecionados pais que perderam seu único filho (grupo estigmatizado naquele contexto cultural, principalmente quando as pessoas necessitam do apoio de políticas públicas para seguirem vivendo) para um programa de aulas de pintura com pincel e caligrafia tradicional chinesa. Todavia não ficou explícito para os participantes que se tratava de um estudo para avaliar os efeitos dessas atividades nas emoções do luto. Essa decisão foi tomada de modo a proteger os participantes de mais uma possibilidade de acentuação do sofrimento pelo estigma.

O estudo compreendeu 20 sessões, ao longo de seis meses, das quais participaram 26 pais chineses com idade superior a 49 anos que perderam seu único filho. Outros 10 pais da mesma comunidade não participaram do curso de artes, mas receberam suporte e constituíram o grupo controle. Em comparação, os participantes que receberam apoio com artes apresentaram afetos positivos e redução dos sintomas de luto prolongado – por exemplo, redução do entorpecimento emocional e do sentimento de perda de sentido da vida. Não foram observados efeitos negativos. Essas descobertas indicam que um grupo de arte adaptado culturalmente com base na comunidade pode ser um meio eficaz de melhorar a saúde (Xiu *et al.*, 2020).

Hill e Lineweaver (2016) avaliaram mudanças positivas e negativas de crianças enlutadas em resposta à arte em comparação com outra tarefa visuoespacial não criativa, não expressiva, mas envolvente: um quebra-cabeças. Os pesquisadores também avaliaram se a produção de arte era igual ou diferencialmente eficaz em ambientes individuais versus colaborativos.

Foram voluntárias para o estudo 54 crianças com idades entre 6 e 13 anos, de Indianápolis, Indiana, Estados Unidos, que participavam regularmente de grupos em um centro para crianças e famílias que viviam um processo de luto. Tais crianças viviam o processo de luto em diferentes momentos e contavam com a experiência de perda de um membro da família – pai/mãe ou irmão/irmã. Os participantes foram direcionados aleatoriamente a uma de quatro intervenções: arte criada individualmente, arte criada em colaboração com colegas, quebra-cabeças concluídos individualmente ou quebra-cabeças concluídos em colaboração com colegas.

Os resultados mostraram que aquelas que criaram arte individualmente experimentaram uma diminuição significativa do afeto negativo, enquanto as crianças dos outros três grupos, não. Os autores concluíram que esses resultados fornecem evidências empíricas de que os aspectos criativos e expressivos da arte a tornam eficaz para melhorar o humor em crianças enlutadas (Hill; Lineweaver, 2016).

Por fim, Glover *et al.* (2016) buscaram compreender a possibilidade de envolvimento de pessoas enlutadas na arte e na escrita como uma forma de explorar e expressar pensamentos e sentimentos, além da possibilidade de criar um grupo solidário e coeso de indivíduos que também estavam em processo de luto.

Shadow into Light (SIL) é um projeto que oferece suporte a pessoas enlutadas ao longo de uma série de 10 sessões facilitadas por um poeta e uma artista, com a presença de um conselheiro. Os participantes, predominantemente com mais de 50 anos de idade, foram recrutados por meio de recomendações da Bedminster Family Practice, filial da Cruse Bereavement Care em Bristol, Inglaterra, que divulgou o programa para aqueles que esperavam por apoio para luto (Glover *et al.*, 2016).

Foram usadas palavras e imagens para investigar e expressar sentimentos. Os participantes também eram incentivados a se relacionar e a oferecer e receber apoio dos pares. Os autores descrevem a sequência das intervenções, o que foi abordado em cada sessão e por quê. O artigo apresenta a comparação dos dois primeiros cursos SIL e revela que o projeto tem cumprido os seguintes objetivos:

a. apresentar novas maneiras de expressar sentimentos de forma saudável, segura, produtiva e sustentável;
b. possibilitar o envolvimento em atividades criativas com propósito;
c. propiciar o compartilhamento de pensamentos, ideias e memórias;
d. viabilizar a experimentação de novos mecanismos de enfrentamento;
e. proporcionar o aprendizado de novas habilidades criativas, que podem continuar a desenvolver no futuro.

A sensibilidade ao outro está presente como fundamental nessas três publicações (Xiu *et al.*, 2020; Hill; Lineweaver, 2016; Glover *et al.*, 2016). As intervenções foram realizadas com participantes distintos, porém cada um com suas particularidades como grupo e como indivíduos.

Oferecer pintura tradicional chinesa a um grupo de chineses mostrou-se uma opção eficaz já que há a conexão no contexto histórico-cultural desse grupo. É compreensível que o grupo de arteterapia individual com crianças tenha se mostrado mais adequado do que a atividade em grupo.

Se considerarmos o processo de desenvolvimento natural de uma criança, sem intercorrências intensas, como a morte de uma das figuras principais de apego, veremos que essa é uma fase de aprendizagem de si, de exploração do mundo, de amadurecimento emocional e, muitas vezes, a criança ainda não tem vocabulário para expressar suas dores e necessidades, correndo o risco de ser incompreendida ou não reconhecida.

O processo de luto coloca o indivíduo em situação de vulnerabilidade ainda mais intensificada diante da dor do vínculo rompido. A atividade artística acompanhada por um arteterapeuta exclusivo pode estimular a criança a viver a possibilidade de se expressar livremente e experimentar a construção de um vínculo seguro com alguém que está um pouco mais distante do impacto direto da morte daquele ente querido e, portanto, tem condições de dar atenção de qualidade, necessária para o luto infantil.

Franco (2021) fala sobre os desafios do processo de luto na família, situação em que se acentua a diferença dos graus de tolerância de cada membro em suportar e apoiar a dor e o sofrimento do outro, o que é, também, um teste para a coesão e para a comunicação entre os membros na situação de crise. De outro lado, a experiência em grupo proposta por Glover *et al.* (2016) se mostrou positiva, já que os participantes do estudo se beneficiaram com o compartilhar histórias e criações bem como com o dar e receber apoio.

8.3 GRUPO III – REVISÕES

As publicações do Grupo III – Revisões apresentam resultados de pesquisas que tinham como método compilar outros estudos científicos identificados como correspondentes à perspectiva de interesse de seus autores.

Quadro 27 – Grupo III – Revisões

Ano de publicação	Título	Autor(es)
2018	(A6) The therapeutic effectiveness of using **visual art modalities** with the **bereaved**: a systematic review.	WEISKITTLE, R. E.; GRAMLING, S. E.
2016	(A8) **Scrapbooking** as an Intervention to Enhance coping in individuals experiencing **grief and loss**.	KING, J. *et al.*

Fonte: elaborado pelas autoras

Weiskittle e Gramling (2018), no artigo A6, relatam e discutem acerca do conteúdo documentado de 27 estudos, que discorrem sobre trabalhos de intervenção de arte visual, baseados em técnicas diversas de arteterapia no cuidado a enlutados, e destacam a impossibilidade de realização de meta-análise em decorrência da heterogeneidade clínica e da insuficiência de dados comparáveis dos resultados apresentados. Esse estudo é um dos trabalhos que compõem o capítulo sobre luto do relatório produzido pela Organização Mundial da Saúde regional Europa (Fancourt; Finn, 2019).

De outro lado, King *et al.* (2016), na publicação A8, desenvolveram pesquisa sobre uma modalidade técnica específica de arte visual e examinaram seis artigos focados no estudo dos benefícios do scrapbooking para pessoas que viveram alguma perda significativa: adultos com doenças crônicas limitantes, crianças e adultos que passaram por um evento traumático ou transicional, crianças e adultos que perderam um ente querido, indivíduos afetados por uma desaceleração na economia e cuidadores cujos familiares estavam lidando com doenças crônicas ou doenças terminais.

Tal estudo revela a técnica como positiva, destacando a possibilidade de esse tipo de intervenção ser implementada individualmente ou como parte de um grupo de apoio, em uma variedade de configurações, incluindo hospitais, centros comunitários, escolas, casas de repouso de longa permanência e programas diurnos.

Assim como descrito no relatório sobre arte e saúde no século XXI produzido pela Organização Mundial da Saúde regional Europa, Weiskittle e Gramling (2018) destacam a dificuldade na compilação dos estudos e a realização de meta-análises sobre o tema do emprego das artes no cuidado a enlutados, em razão da escassez de publicações disponíveis nas bibliotecas científicas e da heterogeneidade dos estudos existentes.

Esses mesmos obstáculos foram identificados nas pesquisas por artigos brasileiros acerca do tema. A esse respeito, Kaiser (2016) dedica um artigo no *Journal of the American Art Therapy Association*, destacando a importância da escrita e da produção de material científico para o desenvolvimento e para o fortalecimento da área, e colocando o arteterapeuta como responsável por desenvolver práticas de qualidade com bases científicas e por divulgar e compartilhar aprendizados de modo a assumir, também, a participação na construção do legado e das referências para novos profissionais ingressantes na área.

8.4 GRUPO IV – RESENHAS DE LIVROS QUE APRESENTAM INTERVENÇÕES COM ENLUTADOS

Foram identificadas similaridade entre o Grupo IV – Resenha de livro que apresentam intervenções com enlutados e o Grupo III – Revisões, pois os livros resenhados tratam de compilados de protocolos, artigos ou exemplos de intervenções em que os autores apresentam, dentre outros assuntos, as bases teóricas que fundamentam a ação arteterapêutica e o raciocínio clínico acerca da questão do luto; o seu repertório de experiências como arteterapeutas diante do tema; a reflexão sobre as particularidades do atendimento; raciocínio arteterapêutico no que diz respeito à escolha de materiais e técnicas utilizadas; descrição da intervenção e exemplos; vinhetas e falas observadas no momento da ação, bem como a discussão dos resultados observados. Ou seja, os livros apresentados nas resenhas A5, escrita por Mann (2018), e A11, de autoria de Brooke e Miraglia (2016), abordam casos, estudos e artigos reunidos, como os estudos apontados no Grupo III.

Quadro 28 – Grupo IV - Resenhas de livros que apresentam intervenções com enlutados

Ano de Publicação	Título	Autor
2018	(A5) A review of "**complicated grief**, attachment, & **art therapy**: theory, treatment, and 14 ready-to-use protocols".	MANN, M. M.

Ano de Publicação	Título	Autor
2016	(A11) Using the creative therapies to cope with grief and loss.	CHANEB, B.

Fonte: elaborado pelas autoras

Especificamente sobre a resenha da publicação *complicated grief, attachment, & art therapy: theory, treatment, and 14 ready-to-use protocols* (Mann, 2018), observamos que a Teoria do Apego é referenciada como base fundamental para a compreensão do luto. Além da descrição de 14 protocolos de intervenção detalhados, há destaque também para a importância de identificar intervenções efetivas que acolham a dor em ambientes de tratamento em curto prazo.

Também é colocada ênfase sobre a necessidade de sensibilidade cultural, autocuidado pela criação artística e autorreflexão sobre a própria biografia, bem como sobre o exame detalhado das características da relação com figuras de apego, dos tipos de perda e da contextualização da perda. "Este livro destaca particularmente as lacunas que a arteterapia preenche no trabalho de apego e luto quando outros métodos verbais são insuficientes. Além disso, a atenção ao fazer artístico e aos exemplos de diretivas de arte é um ponto forte do livro" (Mann, 2018, p. 172, tradução nossa).

Já a resenha A11 do livro *Using the creative therapies to cope with grief and loss* (Brooke; Miraglia, 2016) apresenta a obra como um amplo guia de compreensão de diversas técnicas arteterapêuticas e de exemplos de intervenções em diversos contextos. A publicação está organizada em sete partes, cada uma delas focada em uma técnica artística, além de dois capítulos a respeito de intervenções realizadas com a assistência de animais de estimação.

Os autores exploram vários tipos de perda: a perda pela ruptura de um relacionamento, a perda como resultado de morte de um ente querido e a perda "ambígua", como a experiência de um adolescente que viveu a experiência de "perder" seu irmão mais velho em decorrência de uma lesão cerebral traumática. Também apresentam, em alguns capítulos, imagens produzidas no contexto clínico, sessão a sessão, ao longo do processo.

A ideia de protocolo é útil desde que cientificamente validada e desde que sejam constantes as reflexões sobre a realidade das intervenções:

> [...] transformar as experiências pessoais de fazer arte em um protocolo parece perder um pouco a sintonia consciente com o momento. No entanto, o uso dos protocolos cria continuidade entre os capítulos e pode ser útil para aqueles que são novos nas artes terapêuticas e na produção de arte. (Mann, 2018. p. 172, tradução nossa).

Listas de protocolos detalhados também servem de referência e repertório de atividades criativas que podem ser oferecidas aos enlutados. Contudo o foco deve ser sempre o enlutado com suas particularidades e necessidades. É importante que o profissional tenha conhecimento da técnica, das bases teóricas, dos motivos e estímulos da técnica, da sequência das atividades de um protocolo e, principalmente, tenha sensibilidade e ética para saber quando e como sair de um formato predeterminado para atender o enlutado em suas reais necessidades. "Sendo o luto uma experiência que, embora apresente similaridades entre indivíduos ou grupos, terá sempre um cunho particular, a tentativa de padronizá-lo ou homogeneizá-lo não trará resultados favoráveis à sua compreensão" (Franco, 2021, p. 71).

9

CONSIDERAÇÕES FINAIS

Bart-Or e Garti (2019) apresentam inicialmente uma clara e concisa linha do tempo sobre pesquisadores de referência nos estudos sobre luto na Psicologia, assim como intervenções terapêuticas com enlutados, incluindo técnicas não verbais, como as aplicadas na arteterapia. Tal localização histórica facilita a compreensão do caminho de desenvolvimento da área e nos permite refletir sobre aprendizados e lacunas a serem melhor compreendidos.

Uma produção detalhada sobre a história da arteterapia no Brasil, abordando desdobramentos no que diz respeito a linhas de compreensão e áreas de aplicação, assim como descrição de grupos de estudos e pesquisas em atuação e desenvolvimento da área, mostra-se importante, tanto para registro histórico como para apoio a novos profissionais e interessados no tema. Tal material pode servir de base para o mapeamento da área e para a consolidação da prática como profissão.

Seguindo essa linha de compreensão, destacamos a importância de programas de formação de novos profissionais de qualidade que prezem pela reflexão ética, enfatizando a importância do autocuidado, do autoconhecimento e das contribuições formais para a área. O incentivo à escrita de materiais científicos pode contribuir para o fortalecimento da área e colocar o Brasil à vista da comunidade científica internacional.

As revistas brasileiras de arteterapia existentes não são indexadas e, portanto, não são comparáveis a outras publicações em um trabalho de revisão, por exemplo. Isso significa que nossos arteterapeutas pesquisadores não são lidos pela comunidade científica internacional e, consequentemente, não têm seus trabalhos reconhecidos como válidos cientificamente. Além disso, o Brasil acaba por ficar à margem do contexto e da discussão internacional, apesar do esforço para o desenvolvimento de profissionais arteterapeutas cada vez mais conscientes e preparados para lidar com o outro nesse processo que envolve conhecimento, sensibilidade e responsabilidade.

Continuar trabalhando no cuidado por meio da arteterapia e desenvolver eticamente material com validade científica significa assumir o legado deixado por Nise da Silveira e Osório César e é uma forma de honrar e valorizar o trabalho que esses pioneiros desenvolveram, além da memória e da disponibilidade de seus pacientes, protagonistas fundamentais que nos proporcionaram viabilizar o estudo e a compreensão a respeito da saúde mental, incluindo suas nuances e infinitas formas de expressão.

Assumindo o território como área que acolhe a prática, e os brasileiros como aqueles que se colocam à disposição da vivência arteterapêutica, vale ressaltar também a importância da pesquisa e da apropriação da nossa própria história e da nossa cultura coletiva detentora de saberes ancestrais. À vista da experiência de contato com a ancestralidade identificada no estudo com pintura tradicional chinesa, questionamos se temos conhecimento e familiaridade com as diferenças e as riquezas criativas que compõem a cultura brasileira, assim como com nossa forma de olhar para o passado e construir narrativas.

O autoconhecimento pessoal e cultural também pode nos iluminar no que diz respeito a ações éticas e desenvolver nossa sensibilidade em relação à compreensão do outro. Práticas de compartilhamento de experiências contribuem para o desenvolvimento de ambientes propícios e seguros, com vistas à exploração de pontos cegos e possíveis gatilhos que, se despercebidos, tornam-se prejudiciais no cuidado ao outro.

Outra via possível de aprofundamento dos estudos de arteterapia no cuidado ao enlutado está na observação e no entendimento das atividades artísticas associadas ao conhecimento do Expressive Therapies Continuum (ETC), modelo de compreensão do contato com as artes de acordo com o processo de desenvolvimento humano, no que diz respeito a estímulos nos níveis sensorial, afetivo e simbólico, dimensões que também se relacionam com as expressões de pesar no processo de luto.

A prática de cuidado ao enlutado pela arte é incipiente, porém promissora, já que possibilita a expressão de sentimentos muitas vezes difíceis de serem colocados em palavras. O desenvolvimento de estudos e práticas de cuidado com conhecimento e apoio teórico de qualidade pode representar um grande ganho para a comunidade científica dessa área e, principalmente, aprimorar o acolhimento a pessoas em sofrimento pela dor da perda de um ente querido.

REFERÊNCIAS

AARJ – ASSOCIAÇÃO DE ARTETERAPIA DO RIO DE JANEIRO. **AARJ** [*S. l.: s. n.*], 2021. Disponível em: http://www.aarj.com.br/?p=24. Acesso em: 31 mar. 2021.

AATA – AMERICAN ART THERAPY ASSOCIATION. **Definition of profession.** [*S. l.: s. n.*], 2017. Disponível em: https://www.arttherapy.org/upload/2017_DefinitionofProfession.pdf. Acesso em: 31 mar. 2021.

AATERGS – ASSOCIAÇÃO DE ARTETERAPIA DO RIO GRANDE DO SUL. **Aatergs**. [*S. l.: s. n.*], 2021. Disponível em: http://www.aatergs.com.br/aatergs/. Acesso em: 31 mar. 2021.

AATESP – ASSOCIAÇÃO DE ARTETERAPIA DO ESTADO DE SÃO PAULO. **Quem somos**. [*S. l.: s. n.*], 2021. Disponível em: https://www.aatesp.com.br/aatesp/quemsomos. Acesso em: 7 set. 2020.

AATQ – L'ASSOCIATION DES ART-THÉRAPEUTES DU QUÉBEC. **Page d'accueil.** [*S. l.: s. n.*]: 2021. Disponível em: https://www.aatq.org. Acesso em: 31 mar. 2021.

ABCA – ASSOCIAÇÃO BRASIL CENTRAL DE ARTETERAPIA. **Quem somos**. [*S. l.: s. n.*], 2021. Disponível em: https://www.abcaarteterapia.com/revista-cores-da-vida. Acesso em: 31 mar. 2021.

ACAT – ASOCIACIÓN CHILENA DE ARTE TERAPIA. **Homepage**. [*S. l.: s. n.*], 2021. Disponível em: https://www.arteterapiachile.cl. Acesso em: 31 mar. 2021.

AMART – ASSOCIAÇÃO MINEIRA DE ARTETERAPIA. **Quem somos**. [*S. l.: s. n.*], 2021. Disponível em: https://www.amart.com.br. Acesso em: 31 mar. 2021.

ANDRADE, L. Q. **Terapias expressivas**. São Paulo: Vetor, 2000. ISBN. 85-87516-14-0.

ANIMA EDUCAÇÃO. **Manual de revisão bibliográfica sistemática integrativa**: a pesquisa baseada em evidências. Belo Horizonte: Grupo Anima Educação, 2014. Disponível em: http://www.biblioteca.cofen.gov.br/wp-content/uploads/2019/06/manual_revisao_bibliografica-sistematica-integrativa.pdf. Acesso em: 31 mar. 2020.

ANZACATA – THE AUSTRALIAN, NEW ZEALAND AND ASIAN CREATIVE ARTS THERAPIES ASSOCIATION. **About ANZACATA**. [*S. l.: s. n.*], 2021. Disponível em: https://www.anzacata.org/About-ANZACATA. Acesso em: 31 mar. 2021.

APAT – ASSOCIAÇÃO PARANAENSE DE ARTETERAPIA. **Quem somos**. [*S. l.: s. n.*], 2020. Disponível em: https://www.apatarteterapia.com. Acesso em: 31 mar. 2021.

APPG – ALL-PARTY PARLIAMENTARY GROUP ON ARTS, HEALTH AND WELLBEING. **Creative health**: the arts for health and wellbeing – Inquiry report. 2nd Edition. UK: APPG, 2017. Disponível em: https://www.artshealthresources.org.uk/wp-content/uploads/2017/09/Creative_Health_Inquiry_Report_2017.pdf. Acesso em: 4 fev. 2021.

ARNOLD, R. Navigating loss through creativity: influences of bereavement on creativity and professional practice in art therapy. **Art Therapy**, [*s. l.*], v. 37, n. 1, p. 6-15, 2020. DOI: 10.1080/07421656.2019.1657718.

ART THERAPY ALLIANCE. **Resources**. [*S. l.: s. n.*], 2020. Disponível em: http://www.arttherapyalliance.org/Resources.html. Acesso em: 31 mar. 2021.

ART THERAPY ITALIANA. **Chi siamo**. [*S. l.: s. n.*], 2021. Disponível em: https://www.arttherapyit.org/#. Acesso em: 31 mar. 2021.

AR.TE – ASOCIACIÓN COLOMBIANA DE ARTE TERAPIA. **Início**. [*S. l.: s. n.*], 2021. Disponível em: https://www.arteterapiacolombia.org. Acesso em: 31 mar. 2021.

ARTE – ASOCIATIA ROMANA DE TERAPII EXPRESIVE. **Proiecte A.R.T.E**. [*S. l.: s. n.*], 2021. Disponível em: http://www.expresive.ro/proiecte-a-r-t-e/. Acesso em: 31 mar. 2021.

ARTE PRA QUÊ? Eu sou – Percursos de um Projeto Social. [*S. l.: s. n.*], 2020. 1 vídeo (1h24min). Publicado pelo canal Instituto Sedes Sapientae. Disponível em: https://www.youtube.com/watch?v=0i6KcusD-no&list=PLzayMO4piCocCJZB-Vt9-iZkNJK19faXTF&index=14&ab_channel=InstitutoSedesSapientiae. Acesso em: 1 abr. 2021.

ASPOART – ASSOCIAÇÃO POTIGUAR DE ARTETERAPIA. **Homepage**. [*S. l.: s. n.*], 2021. Disponível em: http://www.aspoart.blogspot.com. Acesso em: 31 mar. 2021.

ATAS – ART THERAPIST'S ASSOCIATION SINGAPORE. **Homepage**. [*S. l.: s. n.*], 2021. Disponível em: https://www.atas.org.sg. Acesso em: 31 mar. 2021.

BAAT – THE BRITISH ASSOCIATION OF ART THERAPISTS. **About BAAT**. [*S. l.: s. n.*], 2021. Disponível em: https://www.baat.org/About-BAAT. Acesso em: 31 mar. 2021.

BARROS, M. **Livro sobre nada**. Rio de Janeiro: Record, 1996.

BASSANI, M. A. (org.). **Diálogos entre psicologia, espiritualidade e meio ambiente**: o sagrado em perspectiva. São Paulo: Educ, 2020. E-book. ISBN 978-65-87387-24-6.

BAT-OR, M.; GARTI, D. Art therapist's perceptions of the role of the art medium in the treatment of bereaved clients in art therapy. **Death Studies**, [*s. l.*], v. 43, n. 3, p. 193-203, 2019. DOI: 10.1080/07481187.2018.1445138.

BCATA – BRITISH COLUMBIA ART THERAPY ASSOCIATION. **About us**. [*S. l.: s. n.*], 2021. Disponível em: https://www.bcarttherapy.com. Acesso em: 31 mar. 2021.

BOSS, P. **Loss, trauma and resilience**: therapeutic work with ambiguous loss. New York: W. W. Norton & Company, 2006.

BOTTON, A.; ARMSTRONG, J. **Arte como terapia.** 1. ed. Rio de Janeiro: Intrínseca, 2014.

BOWLBY, J. **Apego e perda**: apego. v. 1. 3. ed. São Paulo: Martins Fontes, 2002.

BOWLBY, J. **Apego e perda**: separação, angústia e raiva. 4. ed. São Paulo: Martins Fontes, 2004a. v. 2.

BOWLBY, J. **Apego e perda**: perda e tristeza. 3. ed. São Paulo: Martins Fontes, 2004b. v. 3.

BRAUN, V.; CLARKE, V. Using thematic analysis in psychology. **Qualitative Research in Psychology**, [*s. l.*], v. 3, n. 2, p. 77-101, 2006.

BRENNER, H. **As meninas do quarto 28**. São Paulo: LeYa Brasil, 2014.

BROOKE, S. L.; MIRAGLIA, D. A. Using the creative therapies to cope with grief and loss. **Journal of Child and Family Studies**, Springfield, v. 25, n. 7, p. 2.353-2.355, July 2016. DOI: 10.1007/s10826-016-0379-8.

BUCK, J. N. **H-T-P**: casa-árvore-pessoa, técnica projetiva de desenho: guia de interpretação. Tradução de Renato Cury Tardivo. 2. ed. São Paulo: Vetor, 2009. ISBN: 978-85-7585-295-8.

BVS – BIBLIOTECA VIRTUAL EM SAÚDE. **Qualidade de vida em 5 passos**. [S. l.]: Ministério da Saúde do Brasil, 2013. Disponível em: https://www.bvsms.saude.gov.br/bvs/dicas/260_qualidade_de_vida.html. Acesso em: 1 maio 2021.

CAPES – COORDENAÇÃO DE APERFEIÇOAMENTO DE PESSOAL DE NÍVEL SUPERIOR. **Missão e objetivos**. Documento eletrônico. Brasília, DF: Capes, 2021. Disponível em: https://www.periodicos-capes-gov-br.ezl.periodicos.capes.gov.br/index.php?option=com_pcontent&view=pcontent&alias=missao-objetivos&Itemid=109. Acesso em: 8 abr. 2021.

CARDOSO, C. G. Morte e renascimento em tempos de pandemia – Possibilidades de intervenção arteterapêutica. **Revista Científica de Arteterapia Cores da Vida**, [s. l.], ano 16, v. 27, n. 3, edição especial, p. 102-110, 2020. ISSN: 1809-2934.

CARVALHO, M. M. J. O que é arteterapia. *In*: CARVALHO, M. M. J. (coord.). **A arte cura? Recursos artísticos em psicoterapia**. Campinas: Editorial Psy II, 1995a. p. 23-26. ISBN 85.85480-73-4.

CARVALHO, M. M. J. Enfrentando o desafio. *In*: CARVALHO, M. M. J. (coord.). **A arte cura? Recursos artísticos em psicoterapia**. Campinas: Editorial Psy II, 1995b. p. 15-19. ISBN 85.85480-73-4.

CARVALHO, M. M. J.; ANDRADE, L. Q. Breve histórico do uso da arte em psicoterapia. *In*: CARVALHO, M. M. J. (coord.). **A arte cura? Recursos artísticos em psicoterapia**. Campinas: Editorial Psy II, 1995. p. 27-28. ISBN 85.85480-73-4.

CASTELAN, D. O. A arteterapia com idosos inseridos em universidades abertas à terceira idade. **Revista de Arteterapia da AATESP**, [on-line], v. 11, n. 1, p. 32-49, 2020. ISSN: 2178-9789. Disponível em: https://www.aatesp.com.br/arquivos/revistas/revista_v11_n01.pdf. Acesso em: 31 mar. 2021.

CATA – CANADIAN ART THERAPY ASSOCIATION. **Homepage**. [S. l.: s. n.], 2020. Disponível em: https://www.canadianarttherapy.org. Acesso em: 31 mar. 2021.

CIASCA, E. C. Arteterapia na área da saúde com foco na doença de Alzheimer e depressao em idosas. **Revista de Arteterapia da AATESP**, Castelan, v. 9, n. 1, p. 4-23, 2018. ISSN: 2178-9789.

CIORNAI, S. Arteterapia gestáltica. *In*: CIORNAI, S. (org.). **Percursos em arteterapia:** arteterapia gestáltica, arte em psicoterapia, supervisão em arteterapia. São Paulo: Summus, 2004. v. 1, p. 21-159.

COLUMBIAN COLLEGE OF ARTS AND SCIENCES. **History**. [*S. l.: s. n.*], 2021. Disponível em: https://www.arttherapy.columbian.gwu.edu/history. Acesso em: 31 mar. 2021.

CYRULNIK, B. **Falar de amor à beira do abismo**. São Paulo: Martins Fontes: 2006.

DGKT – DEUTSCHE GESELLSCHAFT FUR KUNSTLERISCHE THERAPIEFORMEN e.V. **Aktuelles**. [*S. l.: s. n.*], 2021. Disponível em: https://www.dgkt.de. Acesso em: 31 mar. 2021.

DI MARIA, A. Factors that can influence the ethical decision making process. *In:* DI MARIA, A. (ed.). **Exploring ethical dilemmas in art therapy**: 50 clinicians from 20 countries share their stories. New York: Routledge, 2019. ISBN 978-1-138-68190-3.

DOKA, K. J. **Luto e gênero**. Videoaula. Publicado pela plataforma One Life Alive. [*S. l.: s. n.*], 2020. Disponível em: https://www.onelifealive.org/course/luto-e-genero-palestra-sobre-luto-e-comportamento-com-o-prof-dr-kenneth-j-doka/. Acesso em: 23 jun. 2020.

DOKA, K. J.; MARTIN, T. Masculine responses to loss: clinical implications. **Journal of Family Studies**, [*s. l.*], v. 4, n. 2, p. 143-158, 2014. DOI: 10.5172/jfs.4.2.143.

DOMINGUETI, N. F. M.; SAVIOTTI, K. R. S. S. A arte como recurso da relação psicoterapêutica – Um estudo de caso sobre o luto através da arteterapia. **Revista Científica de Arteterapia Cores da Vida**, Castelan, v. 27-3, n. edição especial, p. 29-40, 2020. Disponível em: https://www.abcaarteterapia.com/revista-cores-da-vida. Acesso em: 5 fev. 2021.

ECArTE – EUROPEAN CONSORTIUM FOR ARTS THERAPIES EDUCATORS. **About ECArTE**. [*S. l.: s. n.*], 2021. Disponível em: https://www.ecarte.info/who-we-are. Acesso em: 31 mar. 2021.

FAEB – FEDERAÇÃO DE ARTE EDUCADORES DO BRASIL. **Sobre a FAEB**. Documento eletrônico. [*S. l.: s. n.*], 2019. Disponível em: https://www.faeb.com.br/sobre-a-faeb/. Acesso em: 29 mar. 2021.

FAGAN, J. Prefácio. *In*: RHYNE, J. **Arte e gestalt**: padrões que convergem. Tradução de Maria de Betânia Paes Norgren. São Paulo: Summus, 2000. p. 25-29. ISBN 978-85-323-0633-3.

FANCOURT, D.; FINN, S. **Health Evidence Network (HEN) synthesis report 67**: what is the evidence on the role of the arts in improving health and well-being? A scoping review. Copenhagen: WHO Regional Office for Europe, 2019. Disponível em: http://www.euro.who.int/en/publications/abstracts/what-is-the-evidence-on-the-role-of-the-arts-in-improving-health-and-well-being-a-scoping-review-2019. Acesso em: 17 jan. 2020.

FONTES, J. M. S. C. Conexão Elas – roda, mulher e arte: acolhimento arteterapêutico durante a pandemia. **Revista Científica de Arteterapia Cores da Vida**, Castelan, ano 16, v. 27, n. 3, edição especial, p. 52-64, 2020. ISSN: 1809-2934.

FRANCO, M. H. P. Por que estudar luto na atualidade? *In*: FRANCO, M. H. P. (org.). **Formação e rompimento de vínculos**: o dilema das perdas na atualidade. São Paulo: Summus, 2010. p. 17-42.

FRANCO, M. H. P. **A poderosa necessidade humana de segurança**: o que você pode fazer como profissional diante de uma crise? Videoaula. Publicado pela plataforma One Life Alive. [*S. l.: s. n.*], 2020. Disponível em: https://www.onelifealive.org/course/curso-a-poderosa-necessidade-humana-de-seguranca-o-que-voce-pode-fazer-como-profissional-diante-de-uma-crise/. Acesso em: 27 maio 2020.

FRANCO, M. H. P. **O luto no século 21**: uma compreensão abrangente do fenômeno. 1. ed. São Paulo: Summus, 2021.

FRAYZE-PEREIRA, J. A. **Arte, dor**: inquietudes entre estética e psicanálise. 2. ed. Cotia: Ateliê Editorial, 2010. ISBN 9788574802480.

FVB – FEDERATIE VAKTHERAPEUTISCHE BEROEPEN. **Over de FVB**. [*S. l.: s. n.*], 2021. Disponível em: https://www.fvb.vaktherapie.nl. Acesso em: 31 mar. 2021.

GAMINO, L. A.; RITTER, H. **Ethical practice in grief counseling**. New York, NY: Springer Publishing Company, 2009. ISBN 978- 0-8261-0083-2.

GARTI, D.; BAT-OR, M. Subjective experience of art therapists in the treatment of bereaved clients. **Art Therapy: Journal of the American Art Therapy Association**, [*s. l.*], v. 36, n. 2, p. 68-76, 2019. DOI: 10.1080/07421656.2019.1609329.

GLOVER, E. et al. Shadow into light: a Bristol-based arts project for bereavement. **Bereavement care**, [s. l.], v. 35, n. 1, p. 7-12, Jan. 2016. DOI: 10.1080/02682621.2016.1160613.

GRÜNER, I. **Healing art**: how art in hospitals promotes healing. In collaboration with Robert-Bosch-Krankenhaus. Stuttgart: Avedition, 2019.

GUEDES, I. A. A.; ANDERY, M. C. R.; COMARU, C. M. Dia dos mortos e a vivência do luto: relato de experiência. **Estudos Interdisciplinares em Psicologia**, Londrina, v. 12, n. 1, p. 226-239, 2021. Disponível em: http://www.uel.br/revistas/uel/index.php/eip/article/view/40012/29800. Acesso em: 31 mar. 2021.

HARARI, Y. N. **Sapiens**: uma breve história da humanidade. Tradução de Janaína Marcoantonio. 1. ed. Porto Alegre: L&PM, 2015. *E-book*.

HARARI, Y. N. **Na batalha contra o coronavírus faltam líderes à humanidade**. 2020. São Paulo: Companhia das Letras, 2020. *E-book*.

HILL, K. E.; LINEWEAVER, T. T. Improving the short-term affect of grieving children through art. **Art Therapy**, [s. l.], v. 33, n. 2, p. 91-98, 2016. DOI: 10.1080/07421656.2016.1166414.

HKAAT – HONG KONG ASSOCIATION OF ART THERAPISTS. **Homepage**. [S. l.: s. n.], 2017. Disponível em: http://www.hkaat.com. Acesso em: 31 mar. 2021.

HOLTTUM, S. Art therapy in museums and galleries: evidence and research. *In*: COLES, A.; JURY, H. (ed.). **Art therapy in museums and galleries**: reframing practice. London: Jessica Kingsley Publishers, 2020.

IACAT – IRISH ASSOCIATION OF CREATIVE ART THERAPISTS. **About/What is IACAT**. [S. l.: s. n.], 2021. Disponível em: https://www.iacat.ie/Irish-Association-of-Creative-Arts-Therapists. Acesso em: 31 mar. 2021.

ICELANDIC ART THERAPY ASSOCIATION. **Frontpage**. [S. l.: s. n.], 2020. Disponível em: http://www.listmedferdisland.com. Acesso em: 31 mar. 2021.

ILIYA, Y. A.; HARRIS, B. T. Singing an imaginal dialogue: a qualitative examination of a bereavement intervention with creative arts therapists. **Nordic Journal of Music Therapy**, [s. l.], v. 25, n. 3, p. 248-272, 2016. DOI: 10.1080/08098131.2015.1044259.

INSEA – INTERNATIONAL SOCIETY FOR EDUCATION THROUGH ART. **Insea Constitution**. [S. l.: s. n.], 2019. Disponível em: https://www.insea.org/docs/documents/InSEA-Constitution-version-2019.pdf. Acesso em: 29 mar. 2021.

KAISER, D. H. Why art therapists should care about peer review. **Art therapy: Journal of the American Art Therapy Association**, [s. l.], v. 33, n. 2, p. 56-57, 2016. DOI: 10.1080/07421656.2016.1176845.

KAJROS – STOWARZYSZENIE ARTETERAPEUTÓW POLSKICH. **Statut**. [S. l.: s. n.], 2021. Disponível em: http://www.kajros.pl/statut/. Acesso em: 31 mar. 2021.

KATA – KOREAN ART THERAPY ASSOCIATION. **Homepage**. [S. l.: s. n.], 2016. Disponível em: http://www.korean-arttherapy.or.kr/index/. Acesso em: 31 mar. 2021.

KING, J. et al. Scrapbooking as an intervention to enhance coping in individuals experiencing grief and loss. **Therapeutic Recreation Journal**, [s. l.], v. 50, n. 2, p. 181-185, 2016. DOI: 10.18666/TRJ-2016-V50-I2-7308.

MANN, M. M. A review of "complicated grief, attachment, & art therapy: theory, treatment, and 14 ready-to-use protocols". **Art Therapy**, [s. l.], v. 35, n. 3, p. 171-172, 2018. DOI: 10.1080/07421656.2018.1530530.

MARTINELLI, L. "Não vamos desperdiçar a lição de Covid. Nossa sociedade deve desacelerar". Entrevista com Boris Cyrulnik. Trad. Luisa Rabolini. **Revista IHU On line**. [S. l.: s. n.], 20 abril 2020. Disponível em: http://www.ihu.unisinos.br/78-noticias/598199-nao-vamos-desperdicar-a-licao-de-covid-nossa-sociedade-deve-desacelerar. Acesso em: 29 mar. 2021.

MODELO POLIMÓRFICO na arte-terapia [...] 1 vídeo (1h41min). Publicado pelo canal Instituto Sedes Sapientae. [S. l.: s. n.], 2020. Disponível em: https://www.youtube.com/watch?v=ZWfTmS6VSgY&ab_channel=InstitutoSedesSapientiae. Acesso em: 31 mar. 2021.

MUSEU DE IMAGENS DO INCONSCIENTE. **Histórico**. [S. l.: s. n.], 2021. Disponível em: http://www.museuimagensdoinconsciente.org.br. Acesso em: 4 abr. 2021.

NCCATA – NATIONAL COALITION OF CREATIVE ARTS THERAPIES ASSOCIATIONS. **Homepage**. [S. l.: s. n.], 2021. Disponível em: https://www.nccata.org. Acesso em: 31 mar. 2021.

NIGAT – NORTHERN IRELAND GROUP FOR ART AS THERAPY. **About**. [S. l.: s. n.], 2017. Disponível em: http://www.nigat.org/index.php/about. Acesso em: 31 mar. 2021.

NISE: O coração da loucura. Direção: Roberto Berliner. Produção: Rodrigo Letier. Intérpretes: Glória Pires; Augusto Madeira; Bernardo Marinho e outros. Roteiro: Flávia Castro; Maurício Lissovsky. Música: Jaques Morelenbaum. (1h46min) Brasil: TV Zero, 2015. Estreia no Brasil: 21 abr. 2016.

NORGREN, M. B. P. **Competência social e arteterapia em um programa de intervenção na escola**. 2009. 211 f. Tese (Doutorado em Psicologia) – Pontifícia Universidade Católica de São Paulo, São Paulo, 2009.

OATA – ONTARIO ART THERAPY ASSOCIATION. **Homepage**. [*S. l.: s. n.*], 2021. Disponível em: https://www.oata.ca. Acesso em: 31 mar. 2021.

ONU – ORGANIZAÇÃO DAS NAÇÕES UNIDAS. **Agenda 2030 para o Desenvolvimento Sustentável**. Traduzido pelo Centro de Informação das Nações Unidas para o Brasil (UNIC Rio), última edição em 13 de outubro de 2015. Disponível em: https://www.brasil.un.org/sites/default/files/2020-09/agenda2030-pt-br.pdf/. Acesso em: 4 fev. 2021.

PARKES, C. M. **Luto**: estudos sobre a perda na vida adulta. 3. ed. São Paulo: Summus, 1998.

PARKES, C. M. **Amor e perda**: as raízes do luto e suas complicações. São Paulo: Summus, 2009.

POTASH, J. S. *et al.* Art therapy in pandemics: lessons for Covid-19. **Art Therapy: Journal of the American Art Therapy Association**, [*s. l.*], v. 37, n. 2, p. 105-107, 2020. DOI: 10.1080/07421656.2020.1754047.

REVISTA CIENTÍFICA CORES DA VIDA. Goiânia: Associação Brasil Central de Arteterapia – ABCA, 2005. ISSN: 1809-2934. Disponível em: https://www.abcaarteterapia.com/revista-cores-da-vida. Acesso em: 7 set. 2020.

REVISTA DA AATESP. São Paulo: Associação de Arteterapia do Estado de São Paulo, 2010. ISSN 2178-9789. Disponível em: https://www.aatesp.com.br/revista. Acesso em: 7 set. 2020.

RHYNE, J. **Arte e gestalt**: padrões que convergem. Tradução de Maria de Betânia Paes Norgren. São Paulo: Summus, 2000. ISBN 978-85-323-0633-3.

RUBIN, J. A. Foreword. *In*: DI MARIA, A. (ed.). **Exploring ethical dilemmas in art therapy**: 50 clinicians from 20 countries share their stories. New York: Routledge, 2019, p. 3-11. ISBN 978-1-138-68190-3.

SANATA – ART PSYCHOTHERAPY SOUTH AFRICA. **Homepage**. [*S. l.: s. n.*], 2021. Disponível em: http://www.artpsychotherapy.co.za/welcome-to-art-psychotherapy/. Acesso em: 31 mar. 2021.

SANCHEZ, C. M. "O trauma deveria nos lançar a explorar caminhos surpreendentes". Entrevista com Boris Cyrulnik. Trad. Cepat. **Revista IHU On line**. [*S. l.: s. n.*], 18 fevereiro 2021. Disponível em: http://www.ihu.unisinos.br/78-noticias/606836-o-trauma-deveria-nos-lancar-a-explorar-caminhos-surpreendentes-entrevista-com-boris-cyrulnik. Acesso em: 31 mar. 2021.

SCHMIDT, B. *et al*. Saúde mental e intervenções psicológicas diante da pandemia do novo coronavírus (Covid-19). **Estudos de Psicologia**, Campinas, v. 37, e200063, 2020. DOI: 10.1590/1982-0 275202037e200063.

SFAT – SYNDICAT FRANÇAIS DES ARTS-THÉRAPEUTES. **Page d'accueil**. [*S. l.: s. n.*], 2021. Disponível em: http://www.ffat-federation.org. Acesso em: 31 mar. 2021.

SOBRARTE – SOCIEDADE BRASILEIRA DE ARTETERAPIA. **Institucional**. [*S. l.: s. n.*], 2021. Disponível em: https://www.sobrarte.com.br/institucional/. Acesso em: 3 maio 2021.

SOUZA, M. T.; SILVA, M. D.; CARVALHO, R. Revisão integrativa: o que é e como fazer. **Einstein**, São Paulo, v. 8, n. 1, p. 102-106, mar. 2010. DOI: 10.1590/s1679-45082010rw1134.

SPAT – SOCIEDADE PORTUGUESA DE ARTE-TERAPIA. **Historial**. [*S. l.: s. n.*], 2021. Disponível em: https://www.arte-terapia.com/historial/. Acesso em: 31 mar. 2021.

SRBT – The Swedish National Association of Art Therapists. **Homepage**. [*S. l.: s. n.*], 2021. Disponível em: https://www.bildterapi.se/in-english. Acesso em: 31 mar. 2021.

STROUSE, S. An open book: how does a bereaved art therapist maintain boundaries with bereaved clients? *In*: DI MARIA, A. (ed.). **Exploring ethical dilemmas in art therapy**: 50 clinicians from 20 countries share their stories. New York: Routledge, 2019, p. 301-307. ISBN 978-1-138-68190-3.

TALWAR, S. Is there a need to redefine art therapy? **Art Therapy: Journal of the American Art Therapy Association**, [*s. l.*], v. 33, n. 3, p. 116-118, 2016. DOI: 10.1080/07421656.2016.1202001.

TATA – TAIWAN ART THERAPY ASSOCIATION. **About us**. [S. l.: s. n.], 2014. Disponível em: http://www.arttherapy.org.tw. Acesso em: 31 mar. 2021.

THOMPSON, B. E.; NEIMEYER, R. A. (ed.). **Grief and the expressive arts**: practices for creating meaning. London: Routledge, 2014. ISBN-10: 0878223290.

UBAAT – UNIÃO BRASILEIRA DE ASSOCIAÇÕES DE ARTETERAPIA. **Arteterapia**. [S. l.: s. n.], 2021. Disponível em: https://www.ubaatbrasil.com. Acesso em: 29 mar. 2021.

VALLADARES-TORRES, A. C. A. A contribuição da arteterapia na remissão de sintomas depressivos e ansiosos nas toxicomanias. **Revista Científica de Arteterapia Cores da Vida**, Castelan, ano 13, v. 24, n. 2, p. 36-49, 2017a. ISSN: 1809-2934.

VALLADARES-TORRES, A. C. A. Panorama específico das arteterapias criativas: revisão sistemática da literatura. **Revista Científica de Arteterapia Cores da Vida**, Castelan, ano 13, v. 24, n. 2, p. 3-15, 2017b. ISSN: 1809-2934.

VALLADARES-TORRES, A. C. A.; COSTA, M. V. G. Máscaras em arteterapia com usuários do centro de atenção psicossocial – álcool e outras drogas. **Revista Científica de Arteterapia Cores da Vida**, Castelan, v. 25, n. 2, p. 3-16, 2018. ISSN: 1809-2934.

WALLACE, C. L. et al. Grief during the Covid-19 pandemic: considerations for palliative care providers. **Journal of Pain and Symptom Management**, [s. l.], v. 60, n. 1, p. E70-E76, july 2020. DOI:10.1016/j.jpainsymman.2020.04.012.

WEISKITTLE, R. E.; GRAMLING, S. E. The therapeutic effectiveness of using visual art modalities with the bereaved: a systematic review. **Psychol Res Behav Manag**, [s. l.], v. 11, p. 9-24, 2018. DOI: 10.2147/PRBM.S131993.

WFOT – WORLD FEDERATION OF OCCUPATIONAL THERAPISTS. **Definitions of occupational therapy from member organisations**. [S. l.: s. n.], 2017. Disponível em: https://www.wfot.org/resources/definitions-of-occupational-therapy-from-member-organisations. Acesso em: 29 mar. 2021.

WHO – WORLD HEALTH ORGANIZATION. **What is the evidence on the role of the arts in improving health and well-being?** Documento eletrônico. Copenhagen, DK: World Health Organization Regional Office for Europe, 2019. Disponível em: https://www.euro.who.int/__data/assets/pdf_file/0020/412535/WHO_2pp_Arts_Factsheet_v6a.pdf. Acesso em: 17 jan. 2020.

WHO – WORLD HEALTH ORGANIZATION. **WHO director-general's opening remarks at the media briefing on Covid-19 - 11 march 2020**. Documento eletrônico. [S. l.: s. n.], 2020. Disponível em: https://www.who.int/director-general/speeches/detail/who-director-general-s-opening-remarks-at-the-media-briefing-on-covid-19---11-march-2020. Acesso em: 31 mar. 2020.

WINNER, E. **How art works**: a psychological exploration. New York, NY: Oxford University Press, 2019.

WORDEN, J. W. **Grief counseling and grief therapy**: a handbook for mental health. 5th edition. New York: Springer Publishing Company, 2018.

XIU, D. *et al.* Prolonged grief disorder and positive affect improved by chinese brush painting group in bereaved parents: a pilot study. **Journal of Social Work in End-of-Life & Palliative Care**, [s. l.], v. 16, n. 2, p. 116-132, 2020. DOI: 10.1080/15524256.2020.1749923.

YAHAT – ISRAELI ASSOCIATION FOR CREATIVE ARTS THERAPIES. **About us**. [S. l.: s. n.], 2019. Disponível em: https://www.yahat.org/template/default.aspx?PageId=108. Acesso em: 31 mar. 2021.

APÊNDICE

ASSOCIAÇÕES DE ARTETERAPIA

Associação	Ano de Fundação
ÁFRICA	
South African Network of Arts Therapies Organizations (SANATA) Fonte: SANATA (2021). Site: http://www.artpsychotherapy.co.za	Não encontrado
ÁSIA	
Hong Kong Association of Art Therapists (HKAAT) Fonte: HKAAT (2017). Site: http://www.hkaat.com	2002
Taiwan Art Therapy Association (TATA) Fonte: TATA (2014). Site: https://www.arttherapy.org.tw	2004
Art Therapists' Association Singapore Fonte: ATAS (2021). Site: https://www.atas.org.sg	2008
Art Therapy India Fonte: ART THERAPY ALLIANCE (2020). Site não encontrado.	Não encontrado
Korean Art Therapy Association (Kata) Fonte: KATA (2016). Site: http://www.korean-arttherapy.or.kr.	1991
ORIENTE MÉDIO	
Israeli Association of Creative & Expressive Therapies Fonte: YAHAT (2019). Site: http://www.yahat.org	Não encontrado
AMÉRICA DO NORTE	
American Art Therapy Association (AATA) Fonte: AATA (2017). Site: https://www.arttherapy.org	1969
National Coalition of Creative Arts Therapies Associations (NCCATA) Fonte: NCCATA (2021). Site: https://www.nccata.org	1979

Associação	Ano de Fundação
L'Association des art-thérapeutes du Québec (AATQ) Fonte: AATQ (2021). Site: https://www.aatq.org	1981
Canadian Art Therapy Association (CATA) Fonte: CATA (2020). Site: https://www.canadianarttherapy.org	1977
Ontario Art Therapy Association (OATA) Fonte: OATA (2021). Site: https://www.oata.ca	1978
British Columbia Art Therapy Association (BCATA) Fonte: BCATA (2021]. Site: https://www.bcarttherapy.com	1978

APÊNDICE

ASSOCIAÇÕES DE ARTETERAPIA – CONT.

Associação	Ano de Fundação
CARIBE	
Caribbean Art Therapy Association (CATA) Fonte: ART THERAPY ALLIANCE (2020). Site não encontrado.	Não encontrado
AMÉRICA DO SUL	
Asociación Colombiana de Arte Terapia (AR.TE) Fonte: AR.TE (2021). Site: https://www.arteterapiacolombia.org	2009
Asociación Chilena de Arte Terapia (ACAT) Fonte: ACAT (2021). Site: https://www.arteterapiachile.cl	2006
BRASIL	
Sociedade Brasileira de Arteterapia (Sobrarte) Fonte: SOBRARTE (2021). Site: https://www.sobrarte.com.br	Não encontrado
União Brasileira de Associações de Arteterapia (Ubaat) Fonte: UBAAT (2021). Site: https://www.ubaatbrasil.com	2006
Regional São Paulo – Associação de Arteterapia do Estado de São Paulo (Aatesp) Fonte: AATESP (2021). Site: https://www.aatesp.com.br	Não encontrado
Regional Rio de Janeiro – Associação de Arteterapia do Rio de Janeiro (AARJ) Fonte: AARJ (2021). Site: https://www.aarj.com.br	1998
Regional Porto Alegre – Associação de Arteterapia do Rio Grande do Sul (AATERGS) Fonte: AATERGS (2021). Site: http://aatergs.com.br	2003
Regional Paraná – Associação Paranaense de Arteterapia (APAT) Fonte: APAT (2020). Site: https://www.apatarteterapia.com	2014

Associação	Ano de Fundação
Regional Goiás – Associação Brasil Central de Arteterapia (ABCA) Fonte: ABCA (2021). Site: https://www.abcaarteterapia.com	2001
Regional Minas Gerais – Associação Mineira de Arteterapia (AMART) Fonte: AMART (2021). Site: https://www.amart.com.br	2003

APÊNDICE

ASSOCIAÇÕES DE ARTETERAPIA – CONT.

Associação	Ano de Fundação
BRASIL – Cont.	
Regional Maranhão – Associação de Arteterapia de Estado do Maranhão (AAMA) Fonte: UBAAT (2021). Site não encontrado.	Não encontrado
Regional Paraíba - Associação de Arteterapia da Paraíba (AAPB) Fonte: UBAAT (2021). Site não encontrado.	Não encontrado
Regional Rio Grande do Norte – Associação Potiguar de Arteterapia (ASPOART) Fonte: ASPOART (2021). Site: http://www.aspoart.blogspot.com	2006
EUROPA	
European Consortium for Arts Therapies Educators (ECArTE) Fonte: ECARTE (2021). Site: https://www.ecarte.info	1991
The British Association of Art Therapists (BAAT) Fonte: BAAT (2021). Site: https://www.baat.org	2009
Syndicat Français des Arts-thérapeutes (SFAT) antiga Fédération Française des Art-Thérapeutes (FFAT) Fonte: SFAT (2021). Site: http://www.ffat-federation.org	2000
Associazione Art Therapy Italiana Fonte: Art Therapy Italiana (2021). Site: https://www.arttherapyit.org	1982
Northern Ireland Group for Art as Therapy (NIGAT) Fonte: NIGAT (2017). Site: http://www.nigat.org	1976
Irish Association of Creative Art Therapists (IACAT) Fonte: IACAT (2021). Site: https://www.iacat.ie/	1992

Associação	Ano de Fundação
The Icelandic Art Therapy Association Fonte: ICELANDIC ART THERAPY ASSOCIATION (2020). Site: http://www.listmedferdisland.com	1998
Deutsche Gesellschaft fur kunstlerische Therapieformen e.V. (DGKT) Fonte: DGKT (2021). Site: https://www.dgkt.de	Não encontrado
Stowarzyszenie Arteterapeutów Polskich (KAJROS) Fonte: KAJROS (2021). Site: http://www.kajros.pl	2003
Asociatia Romana de Terapii Expresive (ARTE) Fonte: ARTE (2021). Site: http://www.expresive.ro	2010

APÊNDICE

ASSOCIAÇÕES DE ARTETERAPIA – CONT.

Associação	Ano de Fundação
EUROPA – Cont.	
The Swedish National Association of Art Therapists (SRBt) Fonte: SRBT (2021). Site: https://www.bildterapi.se/in-english	2006
Federatie Vaktherapeutische Beroepen (FVB) Fonte: FVB (2021). Site: https://www.fvb.vaktherapie.nl	Não encontrado
OCEANIA	
The Australian, New Zealand and Asian Creative Arts Therapies Association (ANZACATA)	2018
Australian National Art Therapy Association Inc. (ANATA)	1987
Creative Therapies Association of Aotearoa (CTAA-New Zealand)	1995
Australian Creative Art Therapies Association (ACATA) Fonte: ANZACATA (2021). Site: https://www.anzacata.org	2000

Fonte: ART THERAPY ALLIANCE, 2020; UBAAT, 2021; outras fontes mencionadas